Brujería del cerco

Guía de la bruja solitaria sobre adivinación, hechicería, paganismo celta, rituales y magia popular

© Copyright 2023

Todos los derechos reservados. Ninguna parte de este libro puede ser reproducida de ninguna forma sin el permiso escrito del autor. Los revisores pueden citar breves pasajes en las reseñas.

Descargo de responsabilidad: Ninguna parte de esta publicación puede ser reproducida o transmitida de ninguna forma o por ningún medio, mecánico o electrónico, incluyendo fotocopias o grabaciones, o por ningún sistema de almacenamiento y recuperación de información, o transmitida por correo electrónico sin permiso escrito del editor.

Si bien se ha hecho todo lo posible por verificar la información proporcionada en esta publicación, ni el autor ni el editor asumen responsabilidad alguna por los errores, omisiones o interpretaciones contrarias al tema aquí tratado.

Este libro es solo para fines de entretenimiento. Las opiniones expresadas son únicamente las del autor y no deben tomarse como instrucciones u órdenes de expertos. El lector es responsable de sus propias acciones.

La adhesión a todas las leyes y regulaciones aplicables, incluyendo las leyes internacionales, federales, estatales y locales que rigen la concesión de licencias profesionales, las prácticas comerciales, la publicidad y todos los demás aspectos de la realización de negocios en los EE. UU., Canadá, Reino Unido o cualquier otra jurisdicción es responsabilidad exclusiva del comprador o del lector.

Ni el autor ni el editor asumen responsabilidad alguna en nombre del comprador o lector de estos materiales. Cualquier desaire percibido de cualquier individuo u organización es puramente involuntario.

Su regalo gratuito

¡Gracias por descargar este libro! Si desea aprender más acerca de varios temas de espiritualidad, entonces únase a la comunidad de Mari Silva y obtenga el MP3 de meditación guiada para despertar su tercer ojo. Este MP3 de meditación guiada está diseñado para abrir y fortalecer el tercer ojo para que pueda experimentar un estado superior de conciencia.

https://livetolearn.lpages.co/mari-silva-third-eye-meditation-mp3-spanish/

Índice

INTRODUCCIÓN 1
CAPÍTULO UNO: ¿QUÉ ES LA BRUJERÍA DEL CERCO? 3
CAPÍTULO DOS: LA MENTE DEL BRUJO Y OTRAS HERRAMIENTAS DE LA BRUJERÍA 12
CAPÍTULO TRES: DEIDADES CON LAS QUE PUEDE TRABAJAR 19
CAPÍTULO CUATRO: LOS VUELOS MÁGICOS Y EL OTRO MUNDO 27
CAPÍTULO CINCO: ALIADOS ESPIRITUALES Y CÓMO ENCONTRARLOS 35
CAPÍTULO SEIS: HIERBAS, PLANTAS Y ÁRBOLES MÁGICOS 46
CAPÍTULO SIETE: ADIVINACIÓN DEL CERCO 53
CAPÍTULO OCHO: MAGIA DE COCINA 62
CAPÍTULO NUEVE: *SABBATS* Y RITUALES SAGRADOS 71
CAPÍTULO DIEZ: SU LIBRO DE HECHIZOS 80
CONCLUSIÓN 91
VEA MÁS LIBROS ESCRITOS POR MARI SILVA 93
SU REGALO GRATUITO 94
REFERENCIAS 95

Introducción

¿Se ha preguntado alguna vez cómo sería practicar la brujería del cerco? Según el folclore tradicional, las brujas del cerco utilizan ingredientes rápidos y fáciles de encontrar en las cocinas de la mayoría de la gente para crear y lanzar hechizos con diversos fines. Las brujas del cerco, también reconocidas por su astucia, existen desde hace siglos y llevan a cabo sus prácticas mágicas sin que nadie las supervise o les enseñe. A menudo llamada «el conocimiento de la mujer sabia», la brujería del cerco se basa en el folclore y abarca varias tradiciones mágicas.

La brujería del cerco puede ser utilizada por cualquiera que tenga interés en la magia, ya sea principiante o experimentado. Cualquiera que desee aumentar su capacidad mágica encontrará muchos usos para esta poderosa forma de magia. Sin embargo, este libro no está abierto a cualquiera que desee utilizar la brujería de forma peligrosa o hacer daño a los demás. Debe asegurarse de que sólo utilizará la brujería para el bien, lo que significa seguir las instrucciones escritas y establecer intenciones positivas. ¿Por qué? Porque cualquiera puede utilizar las herramientas de la brujería del cerco para dañar a otra persona si no sigue las reglas y entiende exactamente lo que está haciendo.

La brujería del cerco tradicional utiliza amuletos, encantamientos y remedios herbales para lograr objetivos. Sin embargo, no existen reglas específicas para la práctica de la brujería del cerco. Muchos tradicionalistas practican solos o con un grupo de compañeros. El propósito de este libro es proporcionar una base sólida para aquellos que buscan un mayor desarrollo personal mediante la práctica de la brujería tradicional. Si ya es practicante, en este libro obtendrá aún más información sobre este arte. Nada en este libro es intimidante o difícil de aprender. Obtendrá todas las herramientas que necesita para empezar, incluyendo listas de materiales básicos necesarios. Con estas listas y siguiendo las sencillas instrucciones, cualquiera puede practicar la brujería del cerco.

El misticismo tras la práctica de la brujería del cerco es sencillo pero eficaz. El uso de hierbas domésticas comunes, como la salvia y el tomillo, evoca los efectos místicos de la magia que antaño se practicaba comúnmente en Europa. Aunque estos métodos parecen bastante primitivos en el mundo actual, muchas personas siguen practicándola con estas pautas. A diferencia de otros libros sobre este tema, éste está escrito en un español sencillo, lo que facilita su comprensión. Las instrucciones son directas, con un enfoque paso a paso que le lleva de la mano y guía a través de lo que necesita hacer para lograr sus objetivos con la brujería del cerco. Como resultado, podrá practicar lo que aprenda en este libro con la confianza de un experto. Aprenderá sobre las raíces de la práctica de la brujería del cerco, los conceptos que hay detrás de ella, hechizos y encantamientos para diferentes propósitos como el amor, la protección, la curación, etc. Aquí no sólo descubrirá qué ingredientes necesita para realizar cada hechizo o ritual, sino que también sabrá para qué sirve cada uno. Si está listo para comenzar su viaje, entremos en materia.

Capítulo uno: ¿Qué es la brujería del cerco?

Practicar la brujería del cerco es como canalizar información de la naturaleza, de la Tierra misma. El practicante de la brujería del cerco puede sintonizarse con los ciclos naturales y las energías que no encontramos en la sociedad cotidiana. El practicante de la brujería del cerco se convierte en parte de su entorno de forma más sutil, dando a su percepción un impulso empático y la capacidad de estar más conectado con su entorno.

Este arte abarca aspectos de la magia verde, la magia de cocina y la magia popular, junto con el trabajo con espíritus, el animismo y el paganismo celta. Así que, sin más preámbulos, vamos a entrar en estos temas, para que pueda obtener una mejor comprensión de lo que es la brujería del cerco.

Magia Verde

Como su nombre indica, esta magia trabaja con plantas, cristales, gemas y sus energías. Puede utilizarlos como una forma de terapia para el espíritu o intenciones mágicas. La bruja verde siempre trabaja con hierbas y está muy en contacto con la naturaleza. La idea es que hay poder en el color verde, ya que es uno de los colores más abundantes de la Madre Naturaleza. Es útil para la curación y la abundancia.

Las brujas verdes trabajan con hierbas
https://unsplash.com/photos/kcvRHtAyuig?utm_source=unsplash&utm_medium=referral&utm_content=creditShareLink

La bruja verde seguirá un conjunto de valores alineados con la naturaleza y la Tierra. Quienes practican esta forma de magia suelen estar en estrecho contacto con su fuerza vital energética y celebran rituales y ritos con regularidad. Trabajan con la adivinación, la herboristería y la curación, pues creen que las plantas tienen una energía específica, al igual que los cristales. Por ejemplo, la luna, el sol y los planetas son fuentes de energía todopoderosas. Quien practica la magia verde cree que todas estas energías están activas y que cuanto más pueda conectar con ellas, mejor se sentirá.

Las brujas verdes creen en el poder de las flores. Se toman muy en serio la maravilla de las flores y los brotes y trabajan con ellas regularmente para encontrar el equilibrio y la paz. La bruja verde utilizará a menudo el poder de las flores durante la curación y también las utilizará durante las ceremonias mágicas.

La magia verde se centra en la naturaleza, la Tierra y todo lo que ofrece. Los seguidores creen en trabajar con la Madre Naturaleza, celebrarla, ayudarla cuando lo necesita y trabajar junto a ella para lograr el equilibrio.

Magia de cocina

La magia de la cocina implica todo lo relacionado con la cocina y los fogones. Es una fusión de cocina y brujería. Toda la práctica gira en torno a la comida y a cómo se pueden combinar diferentes ingredientes para producir efectos mágicos. Cada especia y hierba utilizada en la cocina tiene un efecto muy real en nuestras energías, y la bruja de la cocina sabe cómo combinarlas y amplificarlas para ayudar a los que comen de su mesa.

Para sentir el poder de la magia de la cocina, debe incluir en su cocina todas las cosas que le agradan y le hacen feliz. Debe incluir ingredientes complementarios a lo que cocina, para que saquen lo mejor de la comida. Es curioso cómo algunas personas no valoran su cocina tanto como deberían, y mucho menos el proceso de alimentarse a sí mismas o a los demás. Hacer una comida desde cero con sus propias manos puede ser muy mágico, y aún mejor es disfrutar de las obras de sus manos o del hecho de que los demás se alimenten gracias a su trabajo, física y espiritualmente. En otras palabras, la magia en la cocina es un arte que fomenta la atención plena, y la atención plena es un estado que permite que el poder de la magia sea aún más pronunciado.

El objetivo de esta práctica es ser capaz de crear armonía en su propia casa. Debe ser capaz de conectar con las personas que comen en su mesa y hacer que se sientan como en casa. Para practicar esta forma de magia, necesita estar en casa con su cocina y los ingredientes que tiene, asegurándose de estar siempre abastecido para cualquier necesidad mágica que pueda tener.

Es útil tener un altar en la cocina para esta práctica. Podría considerar el fogón de la cocina igual que el hogar histórico, donde toda bruja de cocina preparaba su comida. Necesita un altar portátil; en él, puede poner su vela, su caldero, una estatua de su diosa o lo que quiera. También es esencial que el espacio de la cocina se mantenga limpio, no sólo física, sino espiritualmente. Es fácil pensar que basta con pasar un trapo y ya está. En realidad, necesita usar salvia para mantener el lugar espiritualmente limpio.

Supongamos que va a practicar brujería de cocina. En ese caso, puede ser tan sencillo como infundir intenciones mágicas en cada momento de la preparación de la comida. Por ejemplo, puede tener la intención de que cada ingrediente que toque genere amor, curación o abundancia para quienes disfruten de la comida. También puede hacer que las personas que le rodean participen en la magia pidiéndoles que establezcan intenciones para la comida que ha preparado antes de que todos se pongan a comer. Cada cucharada de comida podría utilizarse como un ritual mágico para ayudarle a manifestar sus deseos.

Magia popular

Este es el tipo de magia de la gente corriente, y no se parece en nada a la magia ceremonial asociada a lo que se considera de «élite». Se trata de una forma de magia muy práctica, y su intención es ocuparse de cosas sencillas como atraer más amor y suerte a la vida, curar, alejar las malas energías de usted y de sus seres queridos, ayudarle a conseguir abundancia, fertilidad o encontrar lo que ha perdido, así como ser capaz de reconocer presagios. Los rituales que se realizan en este tipo de magia son sencillos y en ellos intervienen materiales como madera, plantas, cordeles, plumas, clavos, animales, hierro, cáscaras de huevo, cauri, etcétera.

Es importante señalar que la magia popular es practicada por culturas y tradiciones específicas. Con reglas específicas sobre cómo debe interactuar con el mundo. La magia popular tiene muchos elementos que otros tipos de magia toman prestados y, como resultado, puede ser confuso intentar diferenciarla de otras formas de magia. Sin embargo, todo proviene de las mismas prácticas ancestrales, que pueden adaptarse a lo que necesite. La magia popular no está vinculada a una religión concreta y no existe un panteón de dioses específicos a los que haya que rendir culto. Tampoco es necesario adherirse a un conjunto específico de creencias. Por lo tanto, puede ser budista o ateo y practicar esta forma de magia y obtener resultados fenomenales.

La magia popular tiene que ver con la tradición sagrada. El término «tradición sagrada» es uno de los nombres más comunes que se dan a las creencias, costumbres y prácticas tradicionales que son importantes para las personas de una sociedad. Se transmiten de generación en generación y la gente suele recurrir a ellas en busca de guía, sabiduría y consuelo cuando lo necesita. Este tipo de magia contempla el mundo que nos rodea como pequeños detalles y crea una red de seguridad a partir de ellos. Verá que pequeños gestos simbólicos tienen un enorme impacto en su vida.

El trabajo con los espíritus

Es un poco difícil de explicar, pero este es el nombre que hemos dado a la práctica de conectar con las energías espirituales que nos rodean. Trabajamos con aspectos específicos de estas energías y entidades. Aunque parece bastante abstracto, tiene efectos en el mundo real de las personas a diario.

La idea es que conecte con las energías espirituales de su vida. Todo el mundo experimenta estas energías en un grado u otro, pero no todo el mundo se centra en ellas. La energía espiritual forma parte de todo y fluye a nuestro alrededor. ¿Sabe cuándo está en un buen momento y se siente bien? Eso es porque hay energía espiritual a su alrededor que está alineada, haciendo que las cosas vayan bien. El trabajo espiritual le permite aprovechar esta energía en lugar de esperar y desear que las cosas empiecen a ir como usted quiere. Puede aprovechar la energía y canalizarla hacia cualquier resultado del mundo real que quiera conseguir.

El trabajo espiritual implica estar en contacto con los espíritus para hacer magia. Significa trabajar con practicantes espirituales como brujas y chamanes, ya que pueden atravesar los reinos entre mundos que no podemos detectar con nuestros ojos físicos. Los wiccanos también trabajan con espíritus lanzando círculos mágicos para contactar con ellos y conseguir su ayuda. En cuanto a las brujas, no necesitan círculos mágicos. Los médiums son los que ponen el trabajo espiritual al alcance de las masas, ayudando a la gente normal a contactar con los espíritus de sus seres queridos que han fallecido o con otros seres que no existen en nuestro mundo. Esta forma de magia es algo que se hizo más popular a medida que el espiritismo se generalizaba entre 1840 y 1930.

El trabajo con espíritus también se conoce como nigromancia, que significa conjurar a los espíritus de los que han fallecido para aprender sobre el futuro o cómo cambiar las cosas para mejor. Estos espíritus pueden prestarnos sus energías y conocimientos para ayudar al practicante de magia a realizar sus hechizos y rituales y obtener resultados reales de su trabajo. Para algunos practicantes, se trata de ordenar a los espíritus que hagan lo que ellos quieren. Para otros, se trata de desarrollar una relación con estas entidades y solicitar respetuosamente su ayuda a cambio de ofrendas.

Animismo

La idea que subyace al animismo es que todo tiene su espíritu. No importa si se considera que la cosa está viva o no. Todo tiene una esencia con la que se puede interactuar. El animismo es integral cuando se trata de espiritualidad. Cada cosa y cada lugar tienen su propio espíritu, que está conectado con el espíritu de todas las demás cosas y personas que los rodean. Forma el núcleo de diversas creencias, prácticas y formas de magia. El animismo se remonta a la era paleolítica.

La palabra «animismo» procede del latín anima, que significa «vida, espíritu o aliento»; es el poder animador que reside en todas las cosas y todos los seres. Cuando se habla de animismo, la idea es que puede recurrir a los espíritus de las rocas, las montañas, los ríos, el arte, los animales, las plantas y demás para realizar su trabajo mágico. La idea de que todo posee un espíritu es muy común fuera del mundo occidental, que no tiene una palabra específica que connote la idea. Se da por sentado que todas las cosas están animadas y que la fuerza vital de su interior puede activarse para cumplir las órdenes de uno.

El animismo llega a afirmar que las palabras y las ideas también están imbuidas de su fuerza vital. Por lo tanto, esta escuela de pensamiento sostiene que cosas como su nombre o el nombre de su ciudad natal podrían tener un efecto muy real en su vida, para bien o para mal.

Paganismo celta

Los celtas de la Edad de Hierro crearon una forma única de espiritualidad que mezclaba elementos paganos y cristianos. Fueron los primeros «paganos» en convertirse al cristianismo por influencia de los misioneros de Iona (Escocia), pero muchas de sus historias y tradiciones ya habían desaparecido.

El paganismo celta es politeísta, lo que significa que adoran y hacen sacrificios a más de un dios. Muchos dioses menores pueden estar relacionados con los dioses más importantes. El pueblo celta utilizaba muchos de los mismos símbolos religiosos que los pueblos de otras partes del mundo, pero cada grupo tenía sus propias variaciones.

Celta es un adjetivo, no un sustantivo, que describe a un grupo de personas que vivieron en Europa antes y durante la época clásica. Hablaban lenguas celtas y rendían culto a deidades similares a las de otras zonas con población celta.

Los celtas se extendían por una amplia zona geográfica y sus tradiciones religiosas eran muy variadas. Sin embargo, había algunos puntos en común. Las prácticas religiosas celtas incluían ofrendas a los espíritus de la naturaleza y a los antepasados cuando pedían ayuda para curar enfermedades y obtener prosperidad. Utilizaban la adivinación para conocer la verdad cuando era necesario y celebraban festivales dedicados a los distintos dioses.

¿Qué es la brujería del cerco?

La brujería del cerco es uno de los caminos paganos más populares. Hay muchas ideas sobre lo que significa ser una bruja del cerco, pero su principal característica es que requiere muchas hierbas y una fuerte conexión con la naturaleza. También puede hacer trabajos mágicos con sus diosas y dioses preferidos como bruja del cerco. Puede actuar como chamán y curandero o incluso afectar al clima. Eso es lo que tiene ser una bruja del cerco. Es una mezcla de todas las otras formas de magia que hemos cubierto.

Profundicemos un poco en la historia de esta forma de brujería porque, en su mayor parte, quienes la practican lo hacen para honrar el pasado. Históricamente, las brujas solían ser mujeres y no vivían en la comunidad de aldeanos. En su lugar, vivían en los márgenes, normalmente al otro lado de los matorrales. Los matorrales eran un divisor importante porque, a un lado, se veía la típica vida de pueblo o civilización de entonces, pero al otro lado, era completamente diferente. Al otro lado vivía lo desconocido, todo lo que los aldeanos consideraban salvaje.

Las brujas del cerco actuaban como curanderas, auxiliando a aquellos que necesitaban ayuda con alguna enfermedad o herida. También eran bastante astutas en sus formas. Como parte de su trabajo, también se tomaban su tiempo recogiendo plantas y hierbas esenciales de los bosques profundos y los setos.

La brujería del cerco era un oficio que en aquel entonces se practicaba en solitario. Tampoco estaba separada de la vida cotidiana, en el sentido de que incluso pequeños actos como limpiar la casa o preparar una buena taza de té se consideraban un proceso mágico, ya que se podían imbuir de intenciones con lo que se quería manifestar. La bruja del cerco de entonces aprendía su oficio de otras personas de la familia que llevaban tiempo practicándolo y lo habían perfeccionado con la práctica. A veces oirá que a la brujería del cerco se le llama brujería verde. En todo momento, puede ver mucha influencia de la magia popular.

Al igual que la brujería de cocina, la brujería del cerco gira principalmente en torno al hogar. El hogar es su lugar de origen y representa el sentido de la estabilidad. En su hogar, se siente arraigado. Su hogar tiene una energía única, que afecta a la familia y a los visitantes, que dejan su propia huella energética.

Como la brujería del cerco gira en torno al hogar, está fuertemente arraigada al mundo natural. Esto significa que debe hacer un poco de magia con hierbas, incluyendo trabajos de aromaterapia. A menudo, la brujería del cerco implica el uso de plantas y hierbas que ha cultivado con sus propias manos. Es probable que las haya procesado por su cuenta, secando lo que necesite y almacenándolas de una forma que le funcione. Habrá estudiado todas sus hierbas, entendido sus energías y aprendido a mezclarlas para que funcionen. Durante todo este tiempo, un verdadero brujo también toma notas en un grimorio especial para poder consultar la información más tarde y no confundir las cosas.

Ventajas de practicar la brujería del cerco

Una ventaja de practicar la brujería del cerco es que no requiere ningún entrenamiento formal o iniciación. Una persona puede ponerse su primer sombrero de brujo y empezar a practicar la brujería del cerco inmediatamente si quiere. La gente también dice que ser autodidacta les ayuda a identificarse con sus habilidades más que aprender de otra persona, haciendo que se sientan más cómodos experimentando con lo que aprenden.

Otra ventaja de practicar la brujería del cerco es que permite al practicante aprender sobre brujería sin tener que escandalizar a sus amigos y familiares hablándoles de sus creencias. También les permite aprender sobre la brujería sin unirse a un aquelarre o asistir a clases de brujería.

Algunos dicen que practicar la brujería del cerco también tiene sus desventajas, sobre todo cuando se hace en solitario. Dicen que tienen sentimientos encontrados sobre algunas de las prácticas que llevan a cabo porque no están familiarizadas con lo que otras brujas piensan que está bien o mal y porque todo lo que han aprendido lo han sacado de libros, revistas, páginas web o experiencias de otras personas. Pero lo bueno de este arte es que no puede equivocarse siempre que conozca los principios básicos y sus intenciones sean claras y puras.

¿Cómo puede la brujería del cerco cambiar su vida para mejor? Es genial para ayudarle a despejar distracciones y a tomar las riendas de su vida. También es buena para permitirle ser más preciso y exacto en sus habilidades al aprender a sentir la energía que le rodea y ajustarla con la propia.

Algunas personas dicen que las mejores cosas que han logrado en la vida han llegado después de empezar a practicar la brujería del cerco, gracias en gran parte a utilizar el arte de forma más eficaz, desarrollar una mejor intuición sobre las personas y las situaciones, y el crecimiento personal.

¿Es una bruja del cerco?

1. ¿Le atraen las hierbas?
2. ¿Ha sentido alguna vez una conexión con las plantas?
3. ¿Tiene la sensación de que puede hacer magia con las plantas y las hierbas?
4. ¿Siente una fuerte conexión con la naturaleza?
5. ¿Se siente fatal si lleva tiempo sin salir a la naturaleza?

Si ha respondido afirmativamente al menos a tres de estas cinco preguntas, la brujería del cerco podría ser para usted.

Capítulo dos: La mente del brujo y otras herramientas de la brujería

La mente es la herramienta más importante para practicar la brujería. De hecho, la mente confiere a todas las demás herramientas su poder y eficacia. Como resultado, la disciplina mental es crucial para la práctica de la brujería del cerco. La disciplina mental permite a los individuos perfeccionar sus habilidades psíquicas, de modo que puedan conectar más eficazmente con el mundo natural y obtener resultados positivos en la vida, al tiempo que alejan las influencias dañinas de quienes les rodean.

¿Qué es la mente?

La mente es la conciencia de un individuo. Se conecta e interactúa con el universo y todo lo que hay en él, incluidas otras personas, animales, naturaleza, espíritus, dioses, diosas, etc. Con la práctica, los individuos pueden mejorar la conexión con su mente y la capacidad de ésta para reconocer las conexiones existentes. De este modo, pueden desarrollar una nueva comprensión de sí mismos dentro del mundo que les rodea y aprender a controlar diversas situaciones y acontecimientos que, de otro modo, estarían fuera de su influencia. Para los brujos del cerco, la mente es una herramienta poderosa y útil que debe utilizarse para mejorar uno mismo y a los demás.

¿Cómo puedo desarrollar mi mente?

Hay muchas prácticas que una persona puede realizar para desarrollar su mente. El enfoque más básico es meditar o utilizar algún otro tipo de ejercicio de concentración en el que se quede completamente quieto y luego se centra en sus pensamientos, aquietando así la mente. Atención plena y meditación son dos conceptos muy diferentes que pueden practicarse para obtener muchos beneficios.

La práctica de la atención plena permite a una persona ser consciente del momento, de las interacciones que tienen lugar y de sus pensamientos y emociones. La práctica de la atención plena le ayuda a aprender a reconocer sus estados físicos y emocionales, conectando más con ellos. Practicar la atención plena también podría ayudarle a controlar sus emociones, lo que puede ser una poderosa ventaja a la hora de curar o restaurar a otras personas.

La meditación es la práctica de aquietar los pensamientos y concentrarse en una cosa, normalmente un cristal o la llama de una vela. La meditación relaja la mente y permite a las personas centrarse en el trabajo que están tratando de hacer. La meditación también puede ayudar a los individuos a fortalecer sus habilidades psíquicas al aumentar su claridad mental. Conectar cuando los pensamientos confusos o caóticos no están bombardeando su mente es más fácil.

Se dice que la mente humana tiene dos partes complementarias. Una parte del cerebro se utiliza para la lógica y el análisis, que ayuda a procesar la información para tomar decisiones acertadas. La otra parte del cerebro se ocupa de los sentimientos, los recuerdos, los instintos y la intuición. Puede utilizar una mayor porción de una o de ambas partes entrenando su mente, dependiendo de su objetivo. Dirigir sus pensamientos hacia el interior y conectar con la parte de los sentimientos de su mente puede mejorar sus habilidades psíquicas y sus relaciones con los demás.

Ser consciente de sus pensamientos y emociones y conectar con las emociones que le hacen sentir bien puede ayudarle a superar los sentimientos negativos de experiencias pasadas. Esto puede ser beneficioso porque las experiencias negativas del pasado a menudo se basan en sentimientos de soledad, miedo o inseguridad y pueden desencadenar los mismos sentimientos en usted de nuevo. Necesita tener un estado de ánimo positivo si quiere lograr sus objetivos a través de la brujería del cerco. Un estado de ánimo positivo le permite estar más conectado con la vida. A su vez, esto puede ayudarle a ser consciente de las oportunidades que a menudo los demás pasan por alto, lo cual es esencial cuando se trabaja con la brujería del cerco.

Cómo adquirir la mentalidad adecuada

1. **Medite:** Concéntrese en su respiración y en nada más durante unos cinco o diez minutos al día. Cuando su mente divague (y lo hará), simplemente alégrese de haberse dado cuenta y vuelva a centrar su atención en la respiración. Hágalo tantas veces como se distraiga. Mejorará en esto cuanto más practique, y pronto será muy fácil entrar en un estado zen sin necesidad de mucho tiempo o esfuerzo.

2. **Pase tiempo en la naturaleza:** Tómese tiempo para disfrutar de la naturaleza a diario, aunque sólo sean cinco minutos. Disfrute de los aromas, de la sensación del aire contra su piel, escuche los sonidos y observe las plantas y los árboles (o, en mi caso, escuche a los pájaros). Cada día descubrirá que necesita menos tiempo en la naturaleza. Y cuando pase tiempo en la naturaleza, asegúrese de tener una actitud positiva hacia lo que ve. Cuando su mente se centra en la apreciación y la belleza, su actitud seguirá el mismo camino. También debería probar caminar descalzo por el suelo, le centrará.

3. **Disfrute de los aspectos positivos de su vida:** Disfrute de las cosas que le hacen feliz. Ya sea dormir hasta tarde, un baño meditativo, un buen entrenamiento o simplemente leer un buen libro, tómese tiempo para disfrutar y apreciar estas cosas. Sepa que siempre pueden estar ahí; tiene suerte de tenerlas.

4. **Tómese tiempo para usted:** Tómese al menos un día a la semana en el que no tenga que preocuparse por su trabajo, las finanzas, las facturas o cualquier otro estrés. Dese la libertad de pasar esas horas durmiendo, dando un paseo por la naturaleza o simplemente disfrutando de una taza de café y leyendo un libro.

5. **Siga sus pasiones:** Realice actividades que le gusten y siéntase bien mientras las hace. Encuentre una afición que pueda practicar toda la vida. Verá que lo disfrutará más y que hacerlo le aportará alegría, del mismo modo que cualquier otra cosa que le haga feliz.

Herramientas necesarias en la brujería del cerco

No hace falta que se arruine para conseguir estas herramientas. Cuando conozca el propósito de cada una, puede trabajar con materiales normales de su casa. Por ejemplo, puede utilizar una olla dedicada a su magia en lugar de un caldero. Si quiere comprar herramientas específicamente diseñadas para el oficio, pero no quiere gastar demasiado, eche un vistazo a Craigslist o eBay.

El caldero: Una olla grande (a menudo redonda) utilizada para preparar y cocinar alimentos. Es la herramienta principal que utilizará para empezar. Debe ser de cobre y tener una tapa que encaje bien. También puede servir una cacerola vieja, una sartén de hierro fundido o una fuente de horno. Todas las brujas tienen una; es un tópico, seguro. Pero si se encuentra en una situación en la que su caldero está estropeado o fuera de uso, y no tiene fondos para comprar uno nuevo, entonces considere alquilar uno en una tienda de teatro local.

La varita: Un palo o rama largo y delgado que se utiliza para dirigir la energía. En muchas tradiciones, se utiliza una rama de árbol. La varita debe ser de madera y no puede ser de plástico ni de metal. En algunos aspectos de la magia, la varita también representa un símbolo fálico, así que, si esto le incomoda, puede usar algo como una varita de zahorí en su lugar. No siempre se usa en brujería, pero es útil cuando necesita invocar el elemento aire, que es uno de los principales en la mayoría de las tradiciones.

El mortero: Se utiliza para machacar y mezclar ingredientes. El mortero no es más que un cuenco, y la maja es el palo que se frota en su interior para machacar los ingredientes. Los necesita juntos para hacer sus hechizos a mano. Asegúrese de conseguir uno que se adapte bien a su mano y que sea de madera con un mango largo.

Utilice un mortero para machacar sus ingredientes
https://unsplash.com/photos/9-Hgi9w9bDM?utm_source=unsplash&utm_medium=referral&utm_content=creditShareLink

El Athame: Esta herramienta es como una varita, pero en lugar de dirigir la energía, la corta. Se utiliza para cortar hierbas y velas. El athame suele ser de doble filo y estar hecho de metal para que pueda cortar eficazmente aquello con lo que se está trabajando. También se llama cuchillo de mango negro o cuchillo de mango blanco, dependiendo de la tradición a la que pertenezca. También se utiliza para dibujar símbolos o palabras en el aire. Se puede utilizar para tallar símbolos en las velas o para trabajar con una vela.

La funda de Athame: Esta es una funda que usará para mantener su athame seguro mientras no lo usa. Puede hacerla usted mismo o comprarla en muchos sitios, incluso en tiendas online.

El Grimorio: Un libro de hechizos y rituales. Es un libro de magia. Esta herramienta espiritual la usará para escribir y registrar sus hechizos. Puede y debe tener el suyo propio, pero puede encontrar grimorios publicados en librerías, o a veces puede encontrar uno en una biblioteca. Estos libros también están disponibles en diferentes estilos y tamaños. Asegúrese de conseguir uno que pueda usar cómodamente y con espacio para sus necesidades de escritura de hechizos. Hay muchos en el mercado, pero pueden ser caros. Una alternativa es buscar hechizos gratuitos en Internet, probarlos y luego escribirlos en su propio grimorio. También se conoce como el Libro de las sombras.

La Campana: Se utiliza a menudo para limpiar la energía en el área en la que está trabajando. También se puede utilizar para invocar a los elementos de la naturaleza. La campana debe ser pequeña y no demasiado ruidosa, pero lo suficiente para captar su atención cuando suene. Una pequeña campana o carillón también puede llamar a los espíritus o marcar el final de las palabras de un hechizo.

Cristales y piedras: Se consideran «herramientas energéticas» que actúan como espejo de la energía de un objeto. Se pueden utilizar de varias formas dependiendo del sistema de creencias al que pertenezca. Se pueden utilizar para crear hechizos, llamar a los espíritus y comunicarse con ellos (a través de su propia voz o de una grabación). Muchas brujas también guardan piedras en sus bolsos o bolsillos para conectarse a tierra. Se cree que algunas piedras tienen poderes mágicos y se utilizan como protección. Puede conseguirlas de varias fuentes, pero debe tener cuidado de dónde las consigue; tiene que estar seguro de que son auténticas. Algunos de los cristales más utilizados en brujería son el cuarzo, la amatista, el jaspe y el citrino.

El fuelle: Esta herramienta se utiliza para soplar velas y enviar energía a objetos como velas, incienso y cristales. También se puede utilizar para soplar sobre una persona y ayudarla a relajarse y dormir.

La escoba: Utilizada para limpiar la energía negativa de un lugar, es otro cliché común de las brujas. Puede utilizar una escoba «de verdad», pero no es necesario. También puede utilizar un plumero si no tiene acceso a ninguna otra herramienta. La escoba también se utiliza en algunos hechizos en los que surge la necesidad de «barrer» algo (empujando la energía hacia abajo en lugar de hacia arriba). También se puede utilizar para limpiar el suelo y las paredes durante un hechizo. Muchas brujas también utilizan escobas para limpiar el aire de una zona durante los rituales o el lanzamiento de hechizos.

El cuchillo: Se utiliza para cortar o rebanar hierbas; uno de estos también sería útil mientras se cocina en casa. Puede utilizar tijeras en su lugar.

Herramientas de adivinación: Se utilizan para lecturas y mensajes de espíritus. También puede usarlas para averiguar información sobre un hechizo que quiera hacer o el impacto mágico que tendrá sobre usted, una persona o un objeto. Muchas tradiciones utilizan las cartas del tarot de diversas maneras y pueden usarse junto con otras herramientas. Las runas también se utilizan en algunas tradiciones, incluida la brujería.

La baraja o juego de cartas del tarot: Si utiliza una baraja de tarot u otra herramienta de adivinación, necesitará tener una herramienta para barajar las cartas. Existen varias barajas, y la que elija debe reflejar el tipo de creencias mágicas que tiene. La mayoría de las barajas también vienen con algunas tiradas, como «lecturas» y «lecturas expertas», para ayudarle a crear sus propios hechizos y rituales. Éstos son independientes de las cartas y no necesitan lanzar hechizos. Las imágenes de las cartas también pueden tener significados diferentes según la baraja que utilice. También recibe un libro para ayudarle a interpretar todos estos significados, lo que casi siempre es una gran idea.

Bolsa de terciopelo: Esta bolsa puede contener pequeños objetos como hierbas que pueda necesitar durante un hechizo, y también se puede utilizar para guardar sus otras herramientas durante el lanzamiento de hechizos.

Sigilos: Los sigilos son una imagen visual para representar la magia que quiere hacer. Pueden usarse para lanzar hechizos, extraer poder de objetos y crear una conexión espiritual. Puede crear los suyos propios o comprarlos, y también existen kits que le ayudarán a crear su sigilo. En muchas tradiciones, estos símbolos se tallan en velas u otros objetos que representan energía.

Tarros y recipientes pequeños: Se utilizan para guardar hierbas, especias y otros objetos. Los símbolos y sigilos pintados o dibujados en el recipiente también pueden ayudarle a lanzar hechizos e invocar espíritus.

Capítulo Tres: Deidades con las que puede trabajar

La brujería del cerco tiene una profunda conexión con el paganismo celta. Por lo tanto, hablaremos de las deidades importantes que los celtas honran. No tiene que trabajar con todas estas deidades, y depende de usted averiguar quién resuena más consigo y luego trabajar con ella. Cuando tiene un vínculo energético o espiritual con una deidad, puede recurrir a esa conexión para imbuir de poder sus rituales.

Brigid

Brigid es conocida como «la Exaltada». Rige la maternidad y la fertilidad. Si es poeta, inventor, artesano o una persona muy apasionada, tiene que agradecérselo. Los paganos creen que esta diosa tiene tres partes, como ocurre con otras deidades, pero la diferencia es que cada parte recibe el mismo nombre.

Para algunos, hay muchos paralelismos entre la diosa Brigid y la santa cristiana Brígida de Kildare. Se cree que no es más que el intento de la Iglesia católica de sincretizar la espiritualidad de la zona con su religión. Su símbolo es una cruz de tres brazos, a veces cuatro. Esta cruz está hecha de juncos, y se cree que si quiere mantenerse a salvo y protegido, todo lo que tiene que hacer es ponerla sobre la ventana o la puerta de su casa, y ella le protegerá.

Esta diosa influye en la vida y en la primavera, cuando todo prospera y cobra vida. Es la encargada de la herrería y a la que hay que acudir cuando se trabaja con las artes curativas. Se celebra en Imbolc, que tiene lugar cada año el primero de febrero, en pleno invierno. Si va a Irlanda, verá que la gente ha dedicado la mayoría de los cursos de agua y pozos a esta deidad. Brigid forma parte de los Tuatha Dé Danann.

Originalmente, su nombre era Brid, hasta que se anglicanizó en la forma actual y los otros nombres Bride, Brig y Brigit. El nombre de la diosa inspiró el de Bridget, lo que demuestra su vínculo con el fuego y el sol. También es posible que esté relacionada con otras diosas indoeuropeas encargadas del amanecer. Lleva un manto de rayos solares, lo que demuestra su fuego y pasión, pero también está a cargo del agua y la serenidad. Puede aparecer como una figura materna o como una encantadora doncella. Su cabello recuerda al fuego y rige el amanecer.

Brigid sabe todo lo que hay que saber sobre la alta arquitectura e inspira a la gente en ese campo y a otros artesanos. Es sabia y sanadora, atributos que heredó de Dagda, su padre, que reinaba en asuntos de misticismo y magia. También sabe cuáles son sus verdaderas necesidades en cada momento. Hay un pozo dedicado a ella en Kildare, y sus aguas se utilizan para curar y bendecir. También hay otro pozo dedicado a ella en el condado de Clare.

Brigid era hija de uno de los jefes de los Tuatha Dé Danann llamado Dagda, y gracias a él tuvo muchas hermanas y hermanos, entre ellos Midir y Aengus. Danu, la diosa del río, era su madre. Brigid tuvo un hijo con Bres, su marido, llamado Ruadan. Según otras tradiciones, estuvo casada con Tuireann y tuvo tres hijos llamados Irchaba, Iuchar y Brian. Sus hijos fueron los responsables de matar al padre de Lugh, Cian. Se sabe que muchos forasteros acuden a Brigid para pedirle que les cure, bendiga e inspire. Ella favorece a los que tienen buenas intenciones y a los que son astutos.

Culto a Brigid

Puede honrarla el 1 de febrero. Es el comienzo del Año Nuevo en Irlanda, y ese día puede llevar monedas y ofrendas de comida a cualquier curso de agua cercano para honrarla. Al hacer sus ofrendas, también puede pedirle que le proteja, le cure, le guíe y le inspire. Puede pedirle que bendiga a su familia y a sus hijos, e incluso a sus mascotas si las tiene. Puede ofrecerle agua, fuego, metales y oraciones. Puede conseguir cintas y atarlas a un árbol en su honor. También le gustan las monedas, la cerveza, los pasteles, la poesía y los huevos. ¿Tiene una cesta hecha de juncos? Llévesela y ganará su corazón.

Cernunnos

Es el dios encargado de los animales salvajes. Dominaba a las bestias de la tierra y a menudo se le representa con un cuerno y animales a su alrededor. Es experto en negociar la paz entre enemigos. Tiene vínculos con otros dioses con cuernos, como el Hombre Verde, Herne el Cazador, Silvano y Pan. Sin embargo, está demostrado que eran sobre todo los habitantes de la Galia quienes adoraban a este dios cornudo. Puede referirse a él como el cornudo.

Este dios tiene la capacidad de traer la paz entre la naturaleza y los humanos, y es el que puede domar a los animales hasta el punto que depredador y presa pueden encontrar la paz entre sí. Por desgracia, su mito sigue siendo un misterio. Su nombre, sin embargo, es una palabra gaélica que significa «el cornudo», y últimamente se ha convertido en el nombre que se utiliza para referirse a los otros dioses cornudos que los celtas adoraban, cuyos nombres ya se han olvidado. Para los neopaganos, es el «Dios de los lugares salvajes» o el «Señor de las tierras salvajes», títulos ambos muy recientes.

Es un hombre con barba y cornamenta, que lleva o viste una antorcha de metal, y se cree que sus atributos físicos se juntan basándose en otras deidades de Roma y Grecia que tenían un aspecto similar. Era básicamente una fusión de varios dioses. Bendecía a sus seguidores no sólo con animales, sino también con verduras y frutas. A menudo se le representa con serpientes, uros, lobos y un alce, todos ellos conviviendo porque puede aplacar fácilmente la enemistad entre enemigos naturales. Esto le convierte en el dios al que buscar para recibir protección y provisión.

Se cree que Cernunnos tiene una conexión con Conach Cernach, al menos etimológicamente hablando. Conach Cernach pertenece al ciclo del Ulster. Cernunnos también puede compartir algunos vínculos con Herne el Cazador de Shakespeare, que se suicidó antes que ser percibido como deshonroso. Tras su muerte, su espíritu rondaba la naturaleza, aterrorizando a todas las criaturas con las que se cruzaba.

Culto a Cernunnos

Como tiene una antorcha, puede hacer una dedicada a él; es básicamente un collar hecho de metal. Se le suele rendir culto en Beltane, que es el 1 de mayo, o el 1 de noviembre si está en el hemisferio sur. Puede ofrecerle plantas sagradas como granos, enebro, hiedra, roble y muérdago. También puede llevarle cornamentas, leche, tierra, agua y vino. Puede tocarle el tambor o realizar actos sexuales en su honor.

Cailleach

Cailleach es «la Velada». Esta diosa se encarga del invierno y de los vientos, y a menudo se la representa como una anciana con velo, que a veces sólo tiene un ojo. Su piel es a veces de un tono azul, aunque otras veces es increíblemente pálida. Tiene los dientes rojos y su vestido está cubierto de calaveras. Tiene aspectos creativos y destructivos, y es la deidad patrona de los lobos. A veces se la considera benévola y otras veces no hay que meterse con ella porque es temible. Mientras que Brigid rige el verano, Cailleach es la diosa del invierno. Tuvo varios matrimonios, pero su pareja más popular fue Bodach, un dios embaucador con el que tuvo mucha descendencia.

La Reina del invierno determina lo malo y largo que es el invierno. Se la honra en la Isla de Man, Irlanda y Escocia, que son también sus lugares de residencia. Cailleach significa «bruja» o «anciana» en gaélico irlandés y escocés. También se la conoce como Birog, la mujer hada, Milucra, Bui (casada con Lugh), Digde, Digdi y Burach. Los numerosos nombres hacen creer a algunos que es una combinación de varias deidades con rasgos similares.

La Velada puede cabalgar la tormenta y es tan poderosa que puede atravesar montañas de un solo salto. También puede cambiar de forma. Tiene un martillo con el que crea lo nuevo y destruye lo viejo y, según la tradición, tiene poder sobre los truenos y las tormentas. A veces ejerce su poder sobre los pozos, haciendo que se desborden y destruyan la tierra. No se la puede considerar una deidad buena o mala porque, según el relato, puede ser benévola o malévola. Aunque puede ser destructiva, siente un amor sin igual por todos los animales. Sobre todo, cuando el invierno es intenso, cuida de ellos.

Esta diosa es joven, vieja, eterna e inmortal. Cuando llega la primavera, toma una bebida que la rejuvenece. Los manx sostienen que pasa la mitad del año como una vieja bruja y la otra mitad como una joven doncella. Por eso se la conoce como Cailleach en la última parte del año. Según los irlandeses, tenía siete periodos distintos en los que era joven y, después, permanecía vieja indefinidamente.

Culto de Cailleach

Cailleach no necesita culto, pero si quiere honrarla, puede pasar tiempo cerca de montañas, cuevas, colinas, formaciones rocosas y otras formaciones terrestres. También puede pasar tiempo cerca de masas de agua naturales como remolinos, ríos y pozos naturales.

Cerridwen

Es la diosa de la transformación y también la soberana del conocimiento y la inspiración. Su nombre significa «astuta blanca» o «cerda blanca». También se la conoce como la diosa del grano, la diosa de la naturaleza, la dama blanca de la inspiración y la muerte, y la diosa de la luna oscura. Supervisa la magia, la regeneración, la muerte y la fertilidad. Gobierna el inframundo y su caldero tiene poderes de renacimiento, conocimiento e inspiración. Aparece en la tradición que rodea a Bran el bendito, dejando su lugar en Irlanda para habitar en la tierra de los poderosos. Se disfrazó de Kymideu Kymeinvoll, una giganta, y apareció con Llassar, su marido.

Ambos salieron de un lago, que en esencia se considera el inframundo. El pueblo temía el poder que ejercían, así que los desterraron. Bran les ofreció a los dos un puerto seguro. Lo único que quería a cambio era el caldero de Cerridwen, que podía reanimar a los guerreros muertos cuyos cuerpos se introdujeran en él. Bran acabaría dándole este caldero a Matholuch durante su matrimonio con Branwen, su hermana. El caldero de Cerridwen combina los tres tipos de calderos conocidos: Transformación, renacimiento e inspiración.

Cerridwen es la responsable de traer la vida al mundo y siempre está cocinando algo en su caldero. Es la representación espiritual de la rueda de la vida, que incluye los ciclos de nacimiento, muerte y renacimiento. Es la persona a la que hay que recurrir cuando se desea crecer espiritualmente o tener suerte en la vida física. También puede aportar abundancia y nutrición. No es de extrañar, pues, su color es el verde, el color de la naturaleza, que es abundante y se da gratuitamente a todos.

Culto a Cerridwen

Para honrar a esta diosa, puede ofrecerle carne de cerdo, bellotas, verbena, granos y otros cereales. También debería trabajar con su caldero en su honor. Puede encontrar formas de incorporar los símbolos que la representan, como la luna oscura, que representa su oscura conexión con la magia, la luna en sus distintas fases y la cerda blanca.

Herne

También conocido como Herne el cazador, se le considera un espectro más que una deidad. Era el responsable de someter a tormento a hombres y animales, y antes de ver a este ser, se oían cadenas traqueteando y voces gimiendo. Algunos lo consideran uno de los aspectos de Cernunnos. Rondaba los bosques de Berkshire con frecuencia y siempre aparecía montado en un poderoso corcel. Herne tenía un árbol en el bosque de Windsor, su lugar favorito, conocido como el roble de Herne.

En cuanto a sus poderes, puede hacer que el mundo natural se descomponga. Todo lo que necesita hacer es tocar con un dedo un árbol, que se marchitaría y moriría. También puede hacer que el ganado dé sangre en lugar de leche. Según el folclore, tenía un cuerno y solía viajar en compañía de sabuesos. Cuando aparece, se cree que algo terrible está a punto de suceder. Es una deidad muy misteriosa, sobre todo porque rara vez interactúa con alguien cuando se encuentra con la gente. Lo que es seguro, sin embargo, es que su energía es cruel, y podría ser por cómo murió: quitándose la vida.

Algunos creen que Herne estaba emparentado con el dios nórdico de los muertos, Odín. Odín es sinónimo de Wotan y estaba a cargo de la caza salvaje, una búsqueda para reunir almas para su ejército de muertos. Herne se hizo popular durante la época victoriana, al igual que el Baphomet, un dios y demonio con cuernos. Es un dios común para los movimientos neopaganos ingleses.

Culto a Herne

Puede ofrecer a este dios whisky, sidra e hidromiel. También puede ofrecerle carne. Si la ha cazado usted mismo, aún mejor. Intente quemar incienso para él, sobre todo de hojas secas de otoño. Él considera este humo sagrado, y puede usarlo para enviarle sus peticiones esperando una respuesta rápida.

Lugh

Es el dios de la justicia. Es quien vela por el cumplimiento de los juramentos y también se encarga de la nobleza. Este dios es considerado un dios embaucador con la capacidad de salvar a aquellos que se encuentran en apuros. Es conocido por sus exitosas tácticas de guerra y su excelente artesanía. No sólo se le considera un rey guerrero, sino también un héroe para los irlandeses. Su esposa tenía un amante llamado Cermait. Sus tres hijos mataron a lugh clavándole una lanza en el pie y luego lo ahogaron. Esto fue en respuesta al asesinato de Cermait. Lugh tenía la legendaria lanza de Assal, y era casi imposible que alguien escapara de ser herido por esa arma.

A veces, Lugh también es conocido como Lug, y se hipotetiza que el nombre proviene de raíces protoindoeuropeas, de la palabra *lewgh*, que significa «atar por juramento». Esto tiene sentido porque Lugh era muy exigente en cuanto a que los contratos se cumplieran al pie de la letra. Algunos dicen que el nombre significa «luz», pero nadie está completamente seguro. Garantizaba que se hiciera justicia, y ejecutaba las sentencias con rapidez y sin lugar a reconsideraciones. Sin embargo, también era un embaucador. Esto significaba que no tenía ningún problema en robar, mentir y engañar para obtener ventaja sobre sus enemigos.

El culto a Lugh

Lugh es venerado en Lughnasa, también conocida como Lughnasadh. Esta fiesta irlandesa se celebra el 1 de agosto en la Isla de Man, Irlanda y Escocia. Es un día significativo porque fue cuando Lugh triunfó sobre los espíritus de Tir na nOg. Para celebrar esta ocasión, concedió una cosecha temprana de frutos y honró a Tailtiu, su madre adoptiva, organizando unos juegos. Este día también se conoce en el cristianismo como Domingo de la montaña o Domingo de la guirnalda. Puede ofrecerle pan, granos, maíz y cualquier otra cosa que represente la idea de la cosecha.

Morrigan

Esta diosa irlandesa se encarga del destino, la batalla y la muerte. Tiene tres aspectos, tres hermanas, y también puede aparecer como un solo ser. Gobierna el destino y está a cargo del don de la profecía. No importa quién se acerque a ella, ya sea una deidad o un héroe, ella le hará favores y le ofrecerá profecías. Se la puede ver como un cuervo volando alrededor de un campo de batalla, esperando la carroña que puede comer y llevarse. También tenía el poder de cambiar de forma; cada vez que aparecía, se consideraba un terrible presagio porque alguien iba a morir. A veces, oirá que se refieren a ella o a ellas como «La Morrigan». También se la conoce como la gran reina o la reina fantasma.

Esta profetisa puede aparecer no sólo como un cuervo, sino también como una vieja bruja, una joven y bella doncella y una reina guerrera con fiereza en su mirada. Como está relacionada con el destino y las profecías, no es raro saber que está vinculada a la muerte de personas poderosas. Apareció como un cuervo sobre Ulster cuando éste murió. También aparece como una lavandera con algo extraño y de otro mundo. En este caso, la encontrarás ensangrentada y lavando ropas que pertenecieron a aquellos que han fallecido en batalla.

Se trata de una diosa con tres aspectos. Según a quién preguntes, sus nombres individuales son Badb, Macha y Nemain. Otras veces, Nemain es conocida como Dannan, Danu, Anand o Anu. Es Badb quien aparece como cuervo durante la batalla. Ten en cuenta que cada aspecto o hermana puede actuar por su cuenta. Nemain y Badb tienen la manía de emitir chillidos mortales tan aterradores que al menos 100 hombres que los oyen por la noche mueren de miedo, y con razón. Ese chillido significa que se avecinan cosas terribles, y sus muertes bien podrían considerarse misericordiosas en comparación con la embestida que habrían presenciado de otro modo.

Culto a la Morrigan

Es una buena idea dejarle ofrendas con regularidad, ya que cuantas más haga, más poder generará para sus rituales. Si puede, construya un altar independiente para ella. Si no, cree un espacio sólo para ella en su altar. Puede ofrecerle agua de tormenta, vino tinto, alimentos rojos, miel, hidromiel, leche, un cuchillo *boline*, plumas de cuervo, poesía, arte y alimentos autóctonos de Irlanda.

Puede ofrecer vino tinto a Morrigan
https://pixabay.com/images/id-541922/

Capítulo Cuatro: Los vuelos mágicos y el Otro Mundo

Los vuelos mágicos también se conocen como saltos mágicos o viajes mágicos. Esta habilidad es necesaria si va a ser una bruja del cerco, pero ¿qué es exactamente? La palabra «protección» puede tener varias connotaciones en la brujería del cerco, y una de ellas es la frontera que separa este mundo físico del espiritual, también conocido como el Otro Mundo. La protección sirve para separar a los humanos de los espíritus. Cuando oye hablar de una bruja del cerco que «vuela» o «viaja», lo que ocurre es que la bruja está cruzando, atravesando el velo del mundo físico al mundo espiritual.

Así pues, un vuelo es un viaje espiritual al reino del espíritu, donde se encuentra el inconsciente colectivo. Este acto es chamánico, recuerda a viajar al reino astral. En otras palabras, es prácticamente lo mismo que la proyección astral. Normalmente, es algo que hace por su cuenta como bruja del cerco, aunque a algunas brujas les gusta trabajar juntas para tener más conocimiento y valor para compartir. Puede realizar rituales y hechizos en grupo en el Otro Mundo si eso es lo que le apetece. Lo bueno de volar con otros es que puede contar con la perspectiva de otra persona, lo que podría ayudarle a considerar asuntos en los que quizá no había pensado.

Vuelos mágicos, viajes chamánicos y proyección astral

La diferencia entre los vuelos mágicos y los viajes chamánicos es que la bruja no se mete en asuntos de paso. Ella no ayuda a las almas a pasar a su siguiente viaje. En lugar de eso, viaja para adquirir perspicacia y conocimiento, curarse y practicar la adivinación, la meditación y su oficio. El vuelvo también es diferente de los viajes chamánicos porque la bruja del cerco no intenta controlar su viaje. Por el contrario, se deja llevar por el viaje y no intenta controlar lo que ocurre a continuación. Sin embargo, es dueña de sus acciones. Mientras que la proyección astral a menudo ocurre en nuestro propio nivel de existencia (así como en varios otros), el vuelvo está destinado a llevarle al Otro Mundo.

Para que quede claro, el vuelo no es una función de visualización o imaginación. Es el proceso real de abandonar el mundo físico. Tiene que tener en cuenta que no controlará el viaje que experimente. Si no es cuidadoso y respetuoso con el proceso, puede encontrarse con fuerzas peligrosas que podrían causarle daño.

Antes de poder volar, debe entrar en un estado de conciencia alterada. Hay muchas formas de hacerlo, como cantar, meditar, bailar, tocar tambores e incluso tomar ciertos medicamentos psicodélicos. Es mucho mejor no utilizar drogas como vía de acceso a la conciencia alterada, ya que puede encontrarse con más peligros al no poder controlarse. Sin embargo, en el pasado, la bruja del cerco utilizaba ungüentos mágicos para ayudarse en la transición del mundo físico al Otro Mundo induciendo un estado de conciencia alterada.

El Otro Mundo y el vuelvo

Hay tres aspectos distintos en el Otro Mundo: el Superior, el Medio y el Inferior. Cada uno de estos mundos tiene nueve niveles. Una forma de este mundo es el Yggdrasil, el Árbol del Mundo de la mitología nórdica. Hablemos ahora del Havamal, una colección de versos de la Edda Poética del siglo XIII. El verso 156 tiene dos traducciones y habla del proceso de volar. Puede utilizar cualquiera de las dos traducciones de este verso para que revele quién es realmente la persona que vuela, regrese a su hogar o mantenga su espíritu separado de su cuerpo. La conclusión es que estos versículos dejan claro que el vuelvo es una práctica real y que, a menudo, los viajeros adoptan una forma distinta de la física. Cuanto mejor domine el vuelvo, más capaz será de transformarse en diferentes criaturas para mantenerse a salvo. Por lo general, viajará con guías animales para mantenerse a salvo y guiarle a lo largo de su viaje por mundos desconocidos.

Ésta es una práctica peligrosa sólo si se deja abrumar por el miedo, una energía que atraerá hacia usted a entidades negativas. Debe reconocer que tiene todo el derecho a viajar al Otro Mundo y que es un ser soberano con autonomía sobre usted mismo. Si no lo hace, espíritus embaucadores y entidades malévolas podrían aprovecharse de usted. Por eso es importante tomar precauciones antes de volar. No debe tener miedo porque hay mucho bien que experimentar en el Otro Mundo. Lo cual hace que el proceso merezca la pena para usted como bruja del cerco. Veamos algunos rituales que puede realizar antes de cruzar al Otro Mundo.

Ritual de limpieza

Es una buena práctica limpiarse y limpiar su espacio a menudo, especialmente cuando pretenda trabajar con espíritus o cruzar al otro lado. La limpieza también garantiza que no se adhieran a usted o a su espacio cuando haya terminado de trabajar con los espíritus. Si no lo hace, puede notar que la energía de su casa no se siente bien e incluso es algo pesada. Además, puede que le resulte difícil volar. Por lo tanto, debe comenzar a hacer una limpieza para elevar las vibraciones de su espacio y de su ser. Puede hacer limpiezas rutinarias, pero tenga en cuenta que a veces necesita profundizar porque hay lugares donde la energía permanece atrapada, por ejemplo, en un armario que suele estar cerrado o en una habitación a la que apenas entra. Así que de vez en cuando, profundice en la limpieza.

Necesitará

- 4 cristales de cuarzo
- 3 cristales de amatista
- 1 cristal de malaquita
- 1 vela blanca pequeña
- Una foto o talla de un coyote (otros animales carroñeros como un buitre o un mapache también sirven)
- Un manojo de salvia

- 5 hojas de salvia (frescas o secas)
- 3 ramitas de romero (fresco o seco)
- Sal
- Una escoba
- Agua salada en un cuenco
- Encendedor o cerillas

Pasos a seguir:

1. Limpie su casa de arriba abajo, asegurándose de no descuidar ningún rincón. Esto significa mover los muebles para pasar por debajo de ellos, abrir los armarios y las habitaciones para que reciban aire y luz, quitar todas las telarañas, etcétera. La idea es estimular el flujo de energía. Si no encuentra tiempo o su casa ya está bien limpia y organizada, céntrese en quitar el polvo del suelo.

2. Después de limpiar, muévase por su casa de habitación en habitación y aplauda. Si hay algún lugar al que no suele ir, aplauda allí. Aplauda también detrás de las puertas, debajo del sofá y otros muebles, y en los rincones de las habitaciones. Esto despertará la energía allí.

3. A continuación, coloque el altar en un lugar céntrico de la casa, como la cocina o el salón. Asegúrese de que no esté en el suelo y de que tenga espacio suficiente para colocar sobre él todos los objetos con los que vaya a trabajar. Además, asegúrese de que está en un espacio que le permita echar un círculo de sal a su alrededor.

4. La imagen o talla del coyote debe colocarse en el centro de su altar y una vela encima o detrás.

5. Coloque los cristales de cuarzo en cada esquina, asegurándose de que miran hacia fuera.

6. Coloque la malaquita al sur de la talla.

7. Coloque la amatista en los otros puntos cardinales.

8. Coloque las hojas de salvia junto a los cristales de cuarzo.

9. Coloque una ramita de romero a la izquierda y la otra a la derecha (este y oeste).

10. Tome la sal y cree un círculo alrededor del altar.

11. Ahora es el momento de invocar al espíritu con el que quiere hablar. Dígale una breve oración, pidiéndole ayuda con el ritual de limpieza.
12. A continuación, encienda la vela y proclame que la energía de la vela purifica ahora su hogar.
13. Ahora es el momento de esparcir sal por todo el suelo. Si tiene tapetes, utilice bicarbonato sódico en su lugar. Debe asegurarse de que la sal llegue a todas partes.
14. Cuando haya terminado de echar sal en el suelo, debe empezar a aspirar o barrer, moviéndose desde la dirección noroeste hacia el sureste mientras canta que su casa está siendo ahora barrida de energía negativa y que sólo el amor y la alegría la llenan.
15. Tendrá un montón de sal cuando haya terminado. Tírela por el inodoro, imaginando que la energía negativa se va por el desagüe. Si es demasiada para tirar de la cadena, tírela a la basura fuera de casa.
16. Tome la otra hoja de salvia y la ramita de romero y póngalas en el agua salada. Utilice la ramita de romero para rociar el agua alrededor de su espacio con un movimiento en sentido contrario a las agujas del reloj. Mientras lo hace, rece una breve oración afirmando que limpia su casa con agua y tierra y que sólo el amor y la alegría llenan su hogar.
17. Encienda la salvia y use el humo para limpiar su espacio, trabajando en sentido contrario a las agujas del reloj mientras dice una breve oración afirmando que limpia su hogar con aire y fuego, y que sólo el amor y la alegría llenan su hogar.
18. Medite durante unos cinco minutos ante su altar, notando la sensación de luz en su espacio cuando haya terminado. Deje que la vela se consuma y agradezca a su espíritu la ayuda. Cuando haya terminado, tome un baño para librarse de cualquier negatividad.

Ritual de protección

La protección es una cuestión de mentalidad. Tiene que darse cuenta de que nada puede hacerle daño sin su permiso, y de que da permiso para que le hagan daño si tiene miedo o espera que le hagan daño. Debe permanecer imperturbable ante cualquier cosa que encuentre mientras vuela. Sin embargo, una práctica sencilla que puede hacer es imaginarse rodeado de una luz dorada. Imagine esta luz como una cáscara de huevo a su alrededor, que mantiene alejados de usted a todos y cada uno de los que quieren hacerle daño. Puede hacerla tan grande o brillante como quiera. Cuando esté en el Otro Mundo, aparecerá a su alrededor y le mantendrá a salvo.

Ritual de conexión a tierra

1. Plante los pies firmemente en el suelo.
2. Imagine que sus pies echan raíces en el núcleo de la Tierra.
3. Sienta cómo absorbe la energía de la Tierra a través de las plantas de los pies desde la tierra hacia arriba y a través del resto de su cuerpo.
4. Respire profundamente durante un minuto o más mientras siente cómo la energía fluye a través de usted. Notará que se siente más tranquilo y más presente. Cuando lo sienta, sabrá que lo ha hecho bien.

Cómo volar

Para dejar que su espíritu se separe de su cuerpo, tiene que alterar su estado de conciencia. Puede hacerlo de forma natural o mediante inducción. Por favor, evite usar drogas para poder a volar. Aquí tiene métodos más seguros para alterar su conciencia:

La percusión chamánica funciona bien; puede encontrar muchos vídeos en YouTube para ayudarle. Las pistas tienen un principio y un final para ayudarle a salir de este mundo y traerle suavemente de vuelta. Antes de usarlas, debe escuchar cómo suenan para saber cuál es la señal para volver a su cuerpo. Al principio debe limitarse a 15 minutos, y luego puede ir aumentando.

La música chamánica se parece a los tambores, pero hay otros sonidos como cantos y sonajas. Puede que no le vaya bien si no le gustan las voces.

El sonajero es otra forma de música que puede encontrar en YouTube, pero a menudo es mejor que utilice el sonajero para generar el sonido. Le ayudará balancear el cuerpo al compás del ritmo.

Bailar es otro método para alterar su conciencia, pero no es el más fácil y puede cansarse fácilmente. La idea es que debe bailar hasta que ya no pueda permanecer de pie. Esto es ideal cuando baila alrededor de un fuego al aire libre o en una habitación cálida con luces tenues. Si elige este método, debe contar con música y cánticos para que todo vaya sobre ruedas.

El efecto de los cánticos es similar al de los tambores y el sonajero. Puede escuchar cánticos en YouTube o cantarlos usted mismo. A menudo es mejor incorporar alguna otra acción a los cánticos, como aplaudir.

Otra opción es escuchar los latidos del corazón, que es básicamente un tambor biológico. La habitación tiene que estar en silencio. Siéntese o túmbese y escuche.

Objetivos

Es una buena idea proponerse entrar primero en el Reino Inferior. Para ello, manifieste en voz alta su intención de ir allí. Luego repita la intención en su cabeza una y otra vez. Después, cuando lo tenga claro, elija el método para alterar su conciencia y entréguese al proceso.

Cuando quiera entrar en el Otro Mundo, tiene que cruzar el velo, también conocido como el cerco. Se trata de un portal, que tiene un aspecto diferente para cada bruja del cerco. Puede ser cualquier cosa, desde un espejo hasta un tronco de árbol hueco. Puede traer esta imagen a su mente mientras practica su técnica de estado alterado de conciencia para que vea el portal ante usted cuando cambie de conciencia.

Atraviese el portal y entre en un túnel, que puede parecer cualquier cosa, desde un pasillo de puertas hasta un túnel de verdad. Si va al Reino Inferior, el túnel debe ir hacia abajo. Si va al Reino Intermedio, el túnel debe ser llano, y si va al Reino Superior, el túnel debe ir hacia arriba. Siga caminando hasta que finalmente llegue al otro lado, donde debería haber luz. Tenga en cuenta que puede que esto no ocurra la primera vez que lo intente. Si no ocurre, no se castigue. Inténtelo al día siguiente y al siguiente. Al final, atravesará el velo. Cuando esté listo para volver, hágalo de la misma manera que llegó.

Lo ideal es que se acostumbre primero al Reino Inferior antes de empezar a viajar a otros lugares. Este es el lugar más seguro para explorar, y cuando conozca a sus guías y se familiarice con ellos, podrá pasar al Reino Intermedio y luego al Reino Superior. Por favor, no se haga expectativas para que no se decepcione. A medida que adquiera más experiencia, tendrá viajes más interesantes. Si le cuesta atravesar el velo, es posible que tenga problemas de inseguridad. Debe permitirse creer que puede hacerlo y luego volver a intentarlo.

Meditación y Deidades

La meditación le ayuda a mantener los pies en la tierra y le conecta con las deidades
https://www.pexels.com/photo/peaceful-lady-sitting-in-padmasana-pose-while-meditating-on-mat-4498220/

Debería poder trabajar con las deidades si tiene dificultades. Sólo tiene que pedirles ayuda con ofrendas o meditando, para empaparse de sus energías. La meditación también es una gran práctica porque le ayuda a mantener los pies en la tierra, algo que necesita cuando vuela. También puede trabajar con sus aliados espirituales. ¿Quiénes son? Hablaremos de ello en el próximo capítulo.

Capítulo cinco: Aliados espirituales y cómo encontrarlos

En esta vida, nunca camina solo. Tiene un equipo de apoyo que siempre está con usted, pase lo que pase. Puede que no sea capaz de verlos todo el tiempo, pero eso no significa que no estén ahí. Son sus guías espirituales o aliados espirituales. Algunos seres se dedican a ayudarle a lo largo de su vida. Su(s) guía(s) espiritual(es) puede(n) ser un animal de poder, un ángel, un hada, un antepasado, un elemental o consejos divinos enteros.

Algo importante a tener en cuenta sobre sus guías espirituales es que deben adherirse a las leyes universales. En otras palabras, por mucho que quieran ayudarle en una situación concreta, no pueden interferir a menos que les pida ayuda. En otras palabras, respetan el libre albedrío. Su espíritu guía está eternamente dedicado a su bien más elevado. Están ahí para asegurarse de que cumple el destino de su alma antes de encarnar en este planeta. Siempre están ahí para facilitarle las cosas.

Llenos de compasión y deseosos de ayudarle, se encargan de ayudarle a despertar de la ilusión de la vida «real». Le despiertan a su grandeza, para que vea que no hay razón para doblegarse ante los problemas con los que ha cargado desde que nació. Le ayudan a despertar a su divinidad innata, mostrándole las áreas en las que tiene puntos ciegos. Pueden enseñarle la actitud correcta que debe tener y ayudarle a lidiar con los miedos diarios que enfrenta. Merece la pena dedicar algún tiempo a aprender quiénes son sus guías espirituales y cómo pueden ayudarle. Al hacerlo, verá rápidamente que la vida no tiene por qué ser difícil.

El trabajo de sus guías espirituales es llevarle a lugares y cosas que le ayudarán a lo largo de su viaje. Le mostrarán dónde con qué está luchando, de lo que puede que no sea consciente, y cómo atravesar esta lucha. Aunque están llenos de amor y compasión, no tienen ningún problema en hacer lo que hay que hacer para llevarle a donde necesita estar. Harán todo lo necesario para que deje de contarse las historias que sigue utilizando para aprisionarse en su versión no deseada de la realidad. Hacen esto porque cuando toma conciencia de quién es, no hay nada que pueda retenerle para lograr lo que quiera en la vida.

Cómo aparecen sus guías

A veces sus guías espirituales se mostrarán en este mundo físico como firmes partidarios de su causa o como personas con las que es increíblemente difícil y desafiante tratar. Cuando aparecen como estas últimas, básicamente le obligan a enfrentarse cara a cara con sus aspectos sombríos para sanarlos e integrarlos, de modo que pueda pasar al siguiente nivel en la vida. Esa persona tan difícil con la que está tratando podría ser su jefe, por ejemplo. Digamos que sigue asignándole tareas fuera de la descripción de su trabajo, se niega a darle un aumento o le recorta el sueldo injustamente. Es fácil enfadarse, pero no hay motivo para ello. Puede que no sean conscientes de ello, pero su guía podría estar utilizándolo, y a sus constantes empujones, para despertarle de la prisión que ha construido y consentido. Podrían mostrarle que es hora de empezar algo nuevo o dedicarse por completo a su propio negocio. Su guía también podría estar trabajando a través de un amante, mostrándole las historias que ha llegado a aceptar sobre su falta de valor, para que finalmente pueda aprender que sí merece amor, plena y verdaderamente. Pueden utilizar a cualquiera y cualquier situación para llegar a usted. Sólo tiene que prestarles atención.

Tipos de guías espirituales y cómo conectar con ellos

Ancestros

Estos son guías espirituales con los que comparte una conexión a través de su linaje físico o espiritual. También podrían ser algunas de las personas que ha conocido y amado que han pasado a su próxima vida y ahora le ofrecen orientación desde una perspectiva superior. Es más común que sus antepasados vengan de muchas generaciones atrás. Podrían ser un bisabuelo o alguien con dones espirituales que fue su encarnación anterior.

Los ancestros nunca son tacaños con su apoyo y orientación. Si tiene creencias limitantes de las que necesita ocuparse o traumas que necesita dejar ir, ellos estarán ahí para ayudarle. Pueden llamar su atención sobre heridas que ha descuidado durante demasiado tiempo para que finalmente pueda sanarlas. A veces se transmiten traumas muy concretos de una generación a otra, que podrían necesitar curación en su encarnación actual. También están a su disposición para ayudarle a liberar finalmente a su linaje. Pueden actuar como maestros, mostrándole quién es realmente y revelándole los dones, de los que tal vez no sea consciente, para que pueda utilizarlos para vivir la vida al máximo.

Cómo conectar con los antepasados

1. **Conecte con ellos a través de la meditación:** Encuentre un espacio tranquilo y silencioso en su casa. Puede ser simplemente una habitación donde sentarse, cerrar los ojos y meditar. Siéntese y declare su intención de conectar con sus antepasados en voz alta, y luego mantenga esa intención fija en su mente mientras se concentra en la respiración. Visualice una luz blanca que emana de la parte superior de su cabeza y llena toda la habitación. Siga así hasta que sienta que la energía cambia. Esto le conectará. Desde este estado, podría hacerles saber en qué quiere que le ayuden, expresarles su agradecimiento por todo lo que han hecho por usted hasta ahora, o simplemente hacerles saber que le gustaría tener una relación más profunda y significativa con ellos.

2. **Empiece a conectar con sus mayores antes de que fallezcan:** Intente crear conexiones profundas con ellos antes de que abandonen este plano, y le será más fácil conectar con ellos cuando estén en el otro lado en posición de ayudarle más de lo que posiblemente podrían en este lado. No se conecte con ellos sólo por razones egoístas. Apóyeles de verdad y demuéstreles lo mucho que le importan. Ellos le devolverán el favor desde el otro lado.

3. **Honre sus tradiciones familiares:** Intente encontrar formas de honrar a sus antepasados. Esto significa participar en algunas de las

tradiciones que comparten, ya sea reuniéndose en cenas familiares o dedicando unos momentos de su día a agradecer sus consejos y sabiduría.

4. **Desarrolle el hábito de hablarles a diario:** Hay una razón por la que quieren que conecte con ellos a diario. Quieren recordarle quién es y ayudarle a vivir su mejor vida transmitiéndole su sabiduría, su guía y sus enseñanzas. Escuche su llamada. Quiere estar en comunión con ellos, lo que significa escucharlos, no sólo hablarles. De este modo, se revelarán en su vida con un propósito. Pero no se decepcione si no siempre responden de inmediato. Confíe en que lo harán, y cuando sea el momento adecuado, de una manera que funcione maravillosamente para usted.

Ángeles

Un ángel puede describirse como un «guía espiritual con esteroides». Son mucho más poderosos y capaces de ayudarle de una manera que otros espíritus no pueden. Estos seres son de la más alta luz espiritual y han estado aquí desde el principio de los tiempos. Los ángeles están aquí para ayudarle a alcanzar su máximo potencial. Le ayudan a conectar con su espíritu y pueden enviar sus mensajes a los reinos superiores, asegurándose de que sean recibidos. Pueden ayudarle a entrar en un estado de ser más inspirador que en el que se encuentra ahora mismo.

Los ángeles son seres espirituales benévolos que le ayudan en su viaje. No están aquí para juzgarle; guían, protegen y curan su alma. Tienen intenciones puras y no le llevarán en la dirección equivocada con lo que le enseñan. Los ángeles traen su amor puro y energía de luz para ayudarle a hacer las cosas que le guían y asisten en su desarrollo espiritual.

Cómo conectar con los ángeles

1. **Conéctese con ellos a través del Acto de la oración:** La oración es la forma más común de conectarse con sus ángeles. Rezar a los ángeles le ayuda a alinear su energía con la de ellos y abre una amorosa línea de comunicación para cuando los necesite. Puede rezar para que le guíen, le protejan, le curen, le ayuden con los obstáculos de su vida o con cualquier otra cosa que le preocupe. Un buen ángel guía al cual rezar sería el Arcángel Miguel, que es conocido como el guerrero de la luz angélica y que sirve como mentor para ayudarle en tiempos difíciles.

2. **Note sensaciones y emociones intensas que le golpean desde ninguna parte:** Pueden ser destellos de luz, una sensación de hormigueo en el cuerpo, una oleada repentina de energía en el estómago o cualquier otra sensación física. Sus ángeles también pueden enviarle pensamientos de la nada.
3. **Intente conectar con ellos en sus sueños:** Puede hacer esto estableciendo la intención en meditación de conectar con sus ángeles durante su sueño. También puede pedirles que le ayuden a recordar algunos de sus sueños para que pueda entender mejor lo que están tratando de decirle.
4. **Cree un espacio sagrado en su hogar:** Se trata de una zona en la que se sienta seguro, protegido e inspirado para conectar con los seres espirituales superiores libremente.

Seres estelares

Los seres de otras dimensiones influyen mucho en la vida humana. Los seres estelares tienen mucho que ver con cómo es la humanidad hoy en día y nos han ayudado a llegar hasta aquí en cuanto a nuestra evolución física y espiritual. Puede pensar en ellos como nuestros guías espirituales de otras dimensiones, algunos de los cuales conocemos de nuestro pasado en otros planetas o en otros universos, y otros de nuestro futuro. Nos han ayudado a expandir nuestra conciencia para que podamos empezar a entrar en contacto con otras dimensiones y más allá.

Los seres estelares no son exactamente ángeles, pero poseen rasgos similares. También tienen mucho conocimiento del futuro. Su función es ayudarnos a ampliar nuestra comprensión de la creación y darnos un sentimiento de esperanza de que superaremos cualquier obstáculo o reto que se presente en nuestra vida con bendiciones de otras dimensiones. Los seres estelares traen a la Tierra ideas y nociones más elevadas e influyen en nuestra forma de ver las cosas desde una perspectiva totalmente nueva que nos ayuda a comprender nuestra propia espiritualidad, nuestro propósito y muchos otros factores de la vida.

Cómo conectar con los seres estelares

1. **Vuelo para conectar con ellos:** Cada vez que vuele, puede establecer la intención de reunirse con ellos o hablar con ellos. Puede que no lo consiga a la primera, pero con paciencia y persistencia, logrará conectar con ellos. Esto se debe a que habrá

ajustado su vibración a un estado en el que es fácil conectar con ellos. Tenga en cuenta que cuando se comuniquen, probablemente será a través de la telepatía. Puede que experimente un fenómeno en el que reciba «descargas» de información, que es una forma mucho más efectiva de transmitir mensajes que con palabras.

2. **Dedique tiempo a observar las estrellas:** Observar las estrellas y otros cuerpos celestes es una gran manera de conectar con dimensiones superiores. Hacerlo ayuda a expandir su conciencia y le da una sensación de calma y paz interior.

Observar las estrellas le ayuda a conectar con los seres estelares
https://pixabay.com/images/id-1851128/

3. **Meditar:** A través de la meditación, trabaje para limpiar su mente de cualquier negatividad o desorden que pueda estar obstaculizando su capacidad para conectar con los seres estelares. Esto le ayuda a elevar su vibración y a ponerse en el estado adecuado para conectar con ellos. Puede escuchar sus mensajes a través de sus sueños o simplemente tener una sensación general de guía, inspiración o paz mientras medita.

4. **Conecte con ellos a través de los cristales:** Los cristales tienen una alta concentración de energía que conecta con dimensiones superiores. Pueden ayudarle a conectar con los seres estelares y otros espíritus guías y aliados.

Maestros ascendidos

Son seres humanos que encarnaron en una vida pasada en la Tierra para ayudarnos y enseñarnos a lo largo de nuestro camino. En algunos casos, pueden haber encarnado múltiples veces, pero su propósito, por ahora, es enseñarle algo, ayudarle con una tarea específica, o simplemente estar ahí como apoyo para usted. Los maestros ascendidos pueden ser de otros planetas u otros universos, o podrían haber sido seres humanos (de la Tierra) que ascendieron más allá y experimentaron incontables vidas de una enorme cantidad de desarrollo espiritual a lo largo de muchas vidas.

Los maestros ascendidos son seres espiritualmente evolucionados que han alcanzado un punto de iluminación, en el que se han desarrollado espiritualmente hasta el punto de que ya no necesitan reencarnarse. Pueden elegir volver a la Tierra como un maestro ascendido y ayudarnos con nuestro crecimiento espiritual, pero la ascensión es tal que no necesitan experimentar el sufrimiento y el dolor de la vida física. Algunos viajarán por todo el universo y otros permanecerán en dimensiones inferiores, pero todos ellos están aquí en la Tierra como maestros ascendidos y guías espirituales.

Cómo conectar con los maestros ascendidos

1. **Ábrales su corazón:** Los maestros ascendidos han alcanzado el punto de tener un corazón abierto, capaz de amar incondicionalmente. Por lo tanto, para conectar con los maestros ascendidos, necesita abrir su corazón al mundo. Necesita amar incondicionalmente, cuidar de los demás sin ponerles condiciones, y superar el miedo a ser herido o vulnerable. A medida que abra más su corazón, más y más maestros ascendidos entrarán en su vida.

2. **Pida ayuda a los maestros ascendidos:** Los maestros ascendidos son seres compasivos, amables y desinteresados que están dispuestos a venir a ayudarle si se los pide. Cuando le pida ayuda, tiene que respetar que su tiempo es precioso, igual que el suyo. Si está pidiendo orientación sobre una tarea o problema en su vida, sea específico sobre lo que quiere y respete su tiempo - no lo malgaste.

3. **Preste atención a las señales de su vida:** A medida que abra su corazón a los demás y pida ayuda, empezará a ver señales y mensajes de ellos en los lugares más insospechados. Estas señales pueden ser tan simples como ver una mariposa o un búho en un lugar extraño

en un momento extraño o escuchar algo que le recuerda su meta. A veces, las personas dicen que oyen susurrar su nombre cuando no hay nadie cerca. Algunas personas han reportado ver una imagen de sí mismos desde el futuro porque pueden conectarse con su yo futuro usando su intuición superior.

4. **Medite en su yo superior:** Puede que le resulte más fácil conectar con su yo superior que con los maestros. También puede estar más cerca de lo que es su yo superior que incluso los maestros espirituales o los ángeles, ya que su yo superior es la forma más evolucionada de usted mismo y está más cerca de Dios. Cuando medite en su yo superior, puede pedirle que le ponga en contacto con los maestros si quiere, y será más fácil.

Guías espirituales animales

Los guías espirituales animales son seres espirituales o angelicales que pueden adoptar muchas formas animales y son una extensión de usted mismo. Está destinado a conectar con ellos y con lo Divino a través de ellos. Al igual que los maestros ascendidos, los guías espirituales animales pueden haber encarnado en una vida pasada en la Tierra por una razón, pero en este tiempo, trabajan con usted para ayudarle a despertar espiritualmente.

Se trata de guías animales que han estado con nosotros desde nuestro nacimiento. Aunque no parezcan gran cosa, son seres extremadamente poderosos, inteligentes y sabios que pueden enseñarle muchas cosas sobre usted mismo. Lo que somos como seres humanos es una combinación de nuestra personalidad y de nuestros guías espirituales animales.

Cómo conectar con los guías espirituales animales

1. **Conecte con sus sentidos:** Los animales están muy en contacto con sus sentidos, por lo tanto, conecte con los suyos si quiere relacionarse con ellos. Practique mirando a su alrededor, observando todo lo que le rodea. Fíjese en lo que oye y en las diferentes cualidades de cada sonido. Preste atención a lo que huele, siente y saborea. Trabaje con cada sentido de uno en uno durante cinco minutos al día.

2. **Consiga un talismán que represente al animal que más le atrae:** Un talismán es un objeto que tiene un significado espiritual. Puede llevar su talismán con usted a todas partes y conectar con él siempre que

tenga problemas. Los talismanes son medallones u objetos que han sido cargados con la energía de un tiempo y un lugar concretos, además de estar imbuidos de la energía universal de la creación. Para cargar su talismán, puede meditar en su animal preferido mientras sostiene el talismán en sus manos y establezca una intención para que, al llevarlo con usted, tenga la guía, protección y asistencia de su animal espiritual esté donde esté.

3. **Conecte con ellos en sus sueños:** Nuestros sueños son el mejor lugar para reconectar con nuestros guías espirituales animales. Estos seres son muy poderosos en los sueños, y algunos dicen tener sueños lúcidos o soñar despiertos con ellos. Todo lo que tiene que hacer es establecer la intención de reunirse con ellos mientras se va a dormir.

4. **Pídales ayuda:** Puede pedir cualquier cosa a sus guías espirituales animales. Esta es una gran manera de aprender más sobre usted mismo y descubrir su propósito en la Tierra. No se sorprenda si empieza a ver u oír hablar de ese animal más a menudo cuando le pide ayuda. Cuando aparecen, están intentando decirle que todo irá bien y que están trabajando en lo que usted quiere.

Deidades

Ya hemos hablado de algunas deidades particulares de la brujería del cerco y la tradición celta. Puede conectar con cualquiera con la que resuene y le responderá. Sólo asegúrese de ser respetuoso con ellos y con su tiempo y sea sincero con la ayuda que quiere pedirles.

Cómo conectar con las deidades

1. **Haga ofrendas:** Ya sabe qué es lo que les gusta. Ofrézcalo colocándolo en su altar.

2. **Coloque sus imágenes en su espacio:** Puede tener fotos de sus deidades en su casa o alrededor de su espacio de trabajo espiritual. Cada vez que vea la imagen, tómese un momento para saludarlas en su mente, darles las gracias o simplemente reconocerlas como pueda.

3. **Encienda una vela en su honor:** Si se siente perdido, deprimido, ansioso o incluso muy feliz porque algo bueno ha sucedido, puede encender una vela en su honor. Esta práctica llenará su casa y su vida con su energía.

4. **Medite sobre ellos:** Puede cantar su nombre repetidamente mientras medita, ya sea en voz alta o en su mente. Al hacerlo, sentirá

que su cuerpo y su corazón se llenan de su energía. Eso le indica que están presentes con usted.

Guías espirituales elementales

Los elementales son espíritus que se encuentran en uno de los cuatro elementos clásicos: Tierra, agua, fuego y aire. No todos son aliados, pero los que lo son pueden considerarse guías. Los gnomos son elementales de tierra, las ondinas están conectadas al agua, las piraustas también son conocidas como salamandras y están conectadas al fuego, mientras que las sílfides están conectadas al agua. Por lo general, estos elementales tienen su hogar en los propios elementos, como las rocas, las montañas, las masas de agua, el fuego y el viento.

Cómo conectar con los guías espirituales elementales

1. **Pase tiempo en la naturaleza:** Cuanto más esté en la naturaleza, más podrá conectar con ellos.

2. **Empiece a cuidar el planeta:** Puede hacerlo siendo más consciente de sus hábitos y prácticas que no le hacen ningún favor a la Tierra. También puede hacer pequeñas cosas como deshacerse de la basura, rastrillar las hojas, etc. Mientras hace estas cosas, mantenga los elementos en su mente.

3. **Intente conectar con ellos:** Esto es fácil de hacer cuando trabaja con un elemento específico. El aire está a su alrededor, así que no debería tener problemas con él. Para el fuego, puede ser útil ir de acampada o, al menos, encender una vela. Para el agua, puede trabajar con un cuenco lleno. En cuanto a la tierra, la arena o la sal servirán.

4. **Lleve con usted el elemento con el que quiere trabajar:** puede ser un poco más complicado con el fuego y el aire, pero para el primero basta con utilizar un mechero o una cerilla. Para el aire, basta con ser consciente del aire que respira.

Los Aos Si

Son como elfos o hadas, procedentes de los Tuatha Dé Danann. Viven bajo tierra en un mundo que, aunque invisible, existe junto al nuestro. Son inmortales y también pueden ayudarle en la vida. Algunos los llaman la Gente justa, mientras que otros los llaman los Buenos vecinos, y son exactamente eso. Pueden ser tan horribles como impresionantes en su aspecto. Actúan como guardianes, ferozmente protectores de los que consideran suyos.

Cómo conectar con los Aos Si

1. **Volar:** Esta es una buena forma de llegar a ellos, ya que son esencialmente habitantes del Otro Mundo.

2. **Medite sobre ellos al amanecer y al atardecer:** Estos son los dos períodos en los que el velo entre los mundos es más delgado, y por lo tanto debería resultar más fácil conectar con ellos y hacerles saber en qué necesita que le ayuden.

3. **Celebre sus fiestas:** Ahora es un buen momento para familiarizarse con Midsummer, Beltane y Samhain. Son las tres fiestas con las que están más asociados. Puede trabajar con otras brujas del cerco para hacerles ofrendas en grupo. Las energías combinadas resultarán fructíferas, independientemente de lo que busque.

4. **Ofrézcales alimentos con regularidad:** Las bayas, las manzanas, la leche y otros productos horneados son los favoritos de los Buenos vecinos.

Capítulo seis: Hierbas, Plantas y Árboles Mágicos

En este capítulo, hablaremos de las hierbas, plantas y árboles mágicos con los que puede trabajar. Puede conseguir fácilmente todas estas hierbas en su tienda de comestibles o en una tienda que venda artículos para brujería. También puede encontrarlas en internet, frescas o secas, así que no hace falta que se obsesione y recorra su barrio en busca de ellas, a menos que sea algo que le guste hacer.

Hierbas mágicas

Menta: Para algunas brujas resulta extraño que se incluya la menta como hierba mágica, pero lo cierto es que es poderosa y merece ser mencionada. Esta hierba le da energía y añade poder a sus rituales y hechizos. Aclara la mente y ayuda a establecer intenciones para obtener los resultados adecuados. También despierta los sentidos, lo que siempre es bueno para el trabajo mágico. Puede beberla en té, comerla o simplemente olerla para prepararse para hacer sus hechizos con éxito. Esta hierba también atrae el éxito y el dinero y es buena para hacer negocios. Los buenos espíritus se sienten atraídos por ella y mantiene su hogar a salvo de energías y entidades negativas.

Tomillo: Esta hierba es popular en varios hechizos porque tiene muchos usos y propiedades intrigantes. Puede usar tomillo para hablar con los muertos y conectar con ellos. También es bueno para consagrar rituales y mantener sus hechizos alineados con sus intenciones. Puede usarlo para ahuyentar serpientes y arañas, tenerlo en casa para proteger a su familia de enfermedades o añadir un poco al agua de un baño relajante. Asegúrese de plantar tomillo ecológico. Nadie quiere pesticidas en su jardín de hierbas «mágicas».

Hojas de laurel: Puede utilizar esta hoja para retener la energía divina. Es una hierba muy versátil y sirve para varios hechizos y trabajos mágicos. Si quiere limpiar su aura, llévala en un collar o amuleto. Si quiere pedir bendiciones a sus deidades, puede quemar sus hojas en incienso. También ayuda con hechizos de protección, suerte y prosperidad, porque es una hierba de abundancia. Es especialmente útil en ritos de protección y limpieza. Es una buena hierba para eliminar entidades negativas y limpiar su espacio. Puede usar el laurel en el agua de baño para limpiarse de «energías negativas». Las hojas de laurel también son estupendas para atraer la buena suerte y la prosperidad.

Romero: El romero es una de las hierbas más antiguas de la tierra y su aroma es magnífico. Puede utilizarlo en incienso para la purificación y las bendiciones. Quemarlo también es una buena forma de atraer buena energía a su casa o lugar de trabajo. El romero es una hierba muy versátil y es bueno para la curación de varias maneras. También es una hierba potente para la magia del cerco y su aroma añade una vibración energética que ayuda a enfocar las intenciones. Quemar romero por la noche mantiene a los malos espíritus alejados de usted y de su familia. También puede frotarse las hojas en el cuerpo para prevenir enfermedades o añadir unas ramitas al agua de un baño relajante.

El romero atrae la curación
https://pixabay.com/images/id-1140763/

Lavanda: La lavanda es una hierba de olor encantador que tiene muchos usos mágicos. Puede usarla para limpiarse antes de entrar en un espacio sagrado o hacer magia. También es buena para trabajos rituales y como repelente de espíritus no deseados. Elimina la energía negativa o cambia su vibración. Quémela como incienso para atraer la magia, o esparza un poco por su casa para repeler entidades no deseadas. Llévelo en joyas, póngase un poco en la planta de los pies antes de salir, deje un manojo debajo de la cama o coloque una bolsita de lavanda en el auto, así estará protegido cuando vaya por la ciudad.

Orégano: Estas hojas son estupendas para atraer la buena suerte y la prosperidad. Estimulan los sentidos y despejan la mente, permitiéndole establecer las intenciones adecuadas. Añada un poco a las ensaladas o ponga unas pizcas en un baño ritual. El orégano también se utiliza en prácticas chamánicas para conectar con el mundo de los espíritus. Durante los rituales, quémelo en un incensario o muela unas hojas y añádalas al agua del baño. También puede esparcirlo por su casa como protección o llevarlo como amuleto para mayor seguridad en sus viajes.

Raíz de jengibre: Esta raíz es estupenda para la curación y el exorcismo. También ayuda a mantener la concentración durante el trabajo con hechizos y rituales. Es un poderoso bloqueador de pensamientos y acciones negativas, por lo que le ayuda a mantener puras sus intenciones. Cuando realice un trabajo mágico en casa, queme un poco de jengibre en un incensario o en una bolsita para limpiar la energía del espacio, o llévelo como colgante para alejar la negatividad y atraer la buena fortuna. La raíz de jengibre es estupenda para atraer la buena suerte. También es maravillosa para añadir fuerza a muchos tipos de rituales, hechizos y trabajos mágicos, ya que actúa como acelerador mágico. Es genial para desterrar espíritus y eliminar la energía negativa de su espacio. La raíz de jengibre también levanta el ánimo y ayuda a sentirse con más energía durante hechizos y rituales.

Semilla de hinojo: La semilla de hinojo es una hierba poderosa utilizada en los trabajos rituales. Tiene un aroma dulce que actúa como estimulante para la mente, por lo que puede usarla en hechizos para mantenerse concentrado en sus intenciones. Esta hierba también es muy buena para la magia de purificación, ya que limpia el aura de energía negativa, lo cual es bueno para cualquier hechizo o ritual relacionado con temas de protección, salud o limpieza.

Pimienta dioica: Esta es otra hierba que las brujas utilizan en muchos rituales. Es un excelente agente purificador, se utiliza contra la negatividad y ayuda a comunicarse con los muertos. Su olor recuerda al clavo y a la canela y su sabor a la pimienta negra. Es un complemento muy popular en las ofrendas a los dioses y diosas. La pimienta dioica puede utilizarse en cualquier tipo de magia, desde rituales de bendición hasta magia del cerco. También es considerada una hierba sagrada por muchas culturas. Se puede utilizar en hechizos relacionados con el amor, el dinero y la fertilidad.

Diente de León: El diente de león es una de las hierbas mágicas más populares porque es fácil de obtener y barata. La raíz se utiliza en las artes mágicas para eliminar la negatividad, mientras que las hojas y las flores atraen la abundancia. También puede usar esta hierba durante hechizos relacionados con la protección del hogar, la suerte, el amor y la purificación. Es un potenciador de hechizos muy fuerte que mejora el poder de cualquier hechizo o magia que realice. Para atraer dinero, queme diente de león en incienso o ponga un poco en una bolsita para dinero de viaje o ganancias de negocios. El diente de león es una gran hierba y también se puede utilizar como té. También se utiliza, tradicionalmente, para curar. Es bueno espolvorearla en el suelo donde practique sus rituales o llevarla como amuleto antes de entrar en su zona ritual.

Plantas mágicas

Árbol del dinero: Esta planta tiene tantas cualidades que se utiliza en casi todos los tipos de magia, desde rituales de bendición hasta hechizos de protección y rituales de amor. En algunas culturas, las hojas se utilizan como ingrediente en el té de la suerte o en infusiones de hierbas que se consumen para atraer la fortuna y la prosperidad. Puede utilizarla en cualquier hechizo que atraiga la fortuna o la prosperidad. Intente combinarla con otras hierbas como el jengibre, la canela o la nuez moscada para conseguir un mayor efecto.

Planta de jade: Esta planta representa la abundancia y la energía. Es una buena planta para usar cuando se busca sabiduría. Puede hacer una bolsita protectora de jade y llevarla con usted cuando viaje para alejar energías no deseadas. Puede utilizar el jade para levantar el ánimo cuando se sienta deprimido o estresado. Esta planta también es buena para eliminar la negatividad del aura, por lo que es de gran ayuda en hechizos que afectan a la mente o las emociones. Se trata de una hierba mágica que se utiliza en rituales y hechizos relacionados con la conciencia psíquica y propiedades curativas. Es conocida por traer buena suerte y ayudar a conseguir los objetivos deseados. También puede utilizarla en hechizos para la limpieza del hogar.

Hiedra del diablo: Esta hierba se utiliza en magia para atraer la prosperidad, pero también puede usarse para atraer la suerte. Cuando utiliza la hiedra del diablo, atrae la buena voluntad y la fortuna y refuerza sus poderes de percepción. La hiedra del diablo también es excelente para proteger su casa o su propiedad. Es una buena hierba para hacer pociones de amor o para hechizos curativos. La hiedra del diablo tiene un aroma muy potente que repele todas las energías negativas de la zona. Puede utilizarla para purificar su espacio o en hechizos de protección y salud. Llevar la planta como amuleto ayuda a alejar muchos tipos de negatividad, incluidos los pensamientos y el malestar físico. Use esta planta para ser más resiliente y para realizar hechizos que impliquen el perdón.

Hiedra inglesa: Esta popular hierba mágica se utiliza para proteger la magia, aumentar los poderes psíquicos y promover la buena voluntad. Es muy buena para los hechizos que involucran limpieza y protección. También puede usarla en hechizos para desterrar la negatividad o el mal. La hiedra inglesa es barata y fácil de encontrar y cultivar, lo que la convierte en una de las hierbas mágicas más populares. Puede utilizarla en cualquier tipo de hechizo de protección o bendición. Como su aroma es dulce y fragante, es una buena hierba para desterrar pensamientos negativos y atraer energía positiva a su vida.

Siempreviva: Esta planta es una suculenta. Está infravalorada, pero es poderosa. Los antiguos romanos decoraban sus casas con esta planta. Se puede comer, pero solo en pequeñas cantidades. Es genial para tratar la inflamación en el cuerpo. Utilice esta planta para atraer la buena salud a su vida. También mejora asuntos familiares, potencia la fertilidad en cualquier aspecto de la vida y brinda protección. Esta planta desprende un aura reconfortante, le tranquiliza y convierte cualquier lugar en el que crezca en un hogar. También puede utilizarla para atraer más energía sexual a su dormitorio o en hechizos relacionados con el amor y la sexualidad.

Bambú: Esta es una buena hierba para la magia de purificación y protección. Representa el dinero y la sexualidad. El bambú atrae dinero, riqueza y poder cuando se quema como incienso o se utiliza en hechizos. El bambú representa la resistencia y la flexibilidad. También promueve la paz y la claridad y trae buena suerte. Las ramas lisas del bambú se utilizan para la limpieza espiritual y la meditación como herramienta de adivinación. Puede utilizarlo para atraer la felicidad y la salud a su vida. Se dice que cuantos más tallos de esta planta tenga, más poder y suerte atraerá a su práctica.

Árboles mágicos

Aliso: Muchos pueblos antiguos consideraban sagrado al aliso. Se utilizaba en muchos rituales mágicos y religiosos porque es muy poderoso. Este árbol es beneficioso para hechizos de protección, ritos de limpieza y magia curativa. También se utiliza para desterrar espíritus malignos y energías negativas, ayuda a aumentar los poderes psíquicos y fortalece la memoria. Puede utilizar sus partes en rituales o hechizos que impliquen el destierro de la negatividad, la curación, la meditación y la comunicación con los espíritus. Úselo como parte de una bolsa protectora o esparza algunas hojas por el lugar donde vaya a realizar su hechizo o ritual para que la energía sea acogedora y positiva.

Haya: Este árbol es una maravillosa fuente de energía espiritual porque su madera se ha utilizado en la fabricación de herramientas rituales desde la Edad de Piedra. Se utiliza en la adivinación y se ha asociado con dioses y diosas desde la antigüedad. Ayuda a concentrar las habilidades psíquicas, por lo que es ideal para realizar hechizos relacionados con la adivinación o cualquier tipo de clarividencia. El haya también atrae el amor, la paz y la felicidad y aumenta la potencia de sus hechizos. También reduce el estrés, por lo que es perfecta para amuletos protectores o talismanes que quiera llevar consigo durante los viajes. Un trozo de madera de haya le ayudará a mantener su propia energía resguardada.

Roble: El roble es un árbol poderoso que ayuda a mantener los pies en la tierra durante los rituales mágicos y el trabajo con hechizos. Si necesita concentrarse en algo para enderezar el karma, este es su árbol. Sus ramas se utilizan para hacer varitas mágicas y sus hojas ayudan a invocar espíritus y energías elementales. El roble también es bueno para limpiar espacios de energía negativa. Se suele tallar y utilizar como herramienta de altar durante las ceremonias mágicas. Sus ramas también se utilizan para crear herramientas mágicas y sus hojas fueron utilizadas para la adivinación por los celtas.

Sauce: El sauce se utiliza para proteger hechizos e impedir que los espíritus malignos le hagan daño a usted o a sus seres queridos. También es muy útil para la protección mágica si quiere concentrar las propiedades de protección de otros árboles o hierbas. El sauce también se utiliza mucho en magia curativa, sobre todo en casos de dolor y malestar. Alivia el dolor físico y el dolor emocional. Puede quemarlo en la misma habitación de su altar o llevarlo puesto para disipar la mala suerte.

Roble blanco: Este árbol es sagrado en los rituales mágicos por su asociación con las energías de la Diosa. Los antiguos egipcios también lo utilizaban para diversos fines, como el tratamiento de problemas oculares, dolores de oído y de cabeza. El roble blanco eleva su poder para que pueda proyectar sus intenciones hacia el exterior y provocar cambios positivos en el mundo que le rodea.

Escoba de bruja: Las hojas y la corteza de esta planta se utilizan para crear una fuerza mágica que se emplea en hechizos y rituales para atraer el amor, la abundancia y la felicidad. También es bueno para la magia de protección, así que si está haciendo hechizos en casa, ponga un poco en su baño ritual o llévelo como amuleto para mantener alejadas a las fuerzas de la oscuridad. Queme este árbol como incienso para eliminar la energía negativa de su hogar o lugar de trabajo. También es bueno para la meditación y para fortalecer los poderes intuitivos.

Serbal: Para los celtas, el serbal representaba el renacimiento, la protección y la buena fortuna. También era un árbol sagrado de los nórdicos. Ayuda a aumentar su conexión con los espíritus, por lo que es un árbol fantástico para quemar durante rituales o hechizos en los que intente llegar al otro lado. El serbal se utiliza a menudo en rituales para proteger los hogares y alejar la negatividad. También en hechizos de dinero y salud diseñados para mejorar la digestión y aliviar problemas estomacales.

Capítulo siete: Adivinación del cerco

La adivinación implica la capacidad de indagar en el pasado y el futuro para obtener respuestas. La brujería del cerco es una práctica muy adaptable, lo que significa que hay un montón de técnicas de adivinación para elegir. Veamos cada una en detalle.

Lectura del té

La lectura de las hojas de té es un método común de adivinación
https://commons.wikimedia.org/wiki/File:Tea_leaf_reading.jpg

Desde el principio de los tiempos, la gente ha practicado la adivinación. Uno de los métodos más comunes es la lectura del té, también llamada taseomancia. Proviene de la unión de dos palabras: *Tassa*, una palabra árabe que se traduce como «taza», y *Mancy*, una palabra griega que se refiere a la adivinación en sí.

Los adivinos europeos de la época medieval realizaban todas sus lecturas trabajando con salpicaduras de cera o plomo. Sin embargo, el té pronto se hizo muy popular, por lo que pasó a formar parte del proceso de adivinación. Puede trabajar con tazas especiales para esto. A menudo, tienen algunos símbolos mágicos grabados alrededor del cuerpo o del borde para ayudarle con la interpretación.

Cómo leer las hojas de té

Para leer las hojas de té, debe preparar una taza de té, pero sin colar las hojas. Elija una taza de color claro para que le resulte fácil ver lo que ocurre en el fondo de la taza. En cuanto al té que elija, puede trabajar con cualquiera que desee. La única advertencia es que debe ser de hojas sueltas. Prefiera las hojas más grandes, porque resultan mucho más fáciles de leer. Si quiere ser específico con el tipo de té que elija, opte por el Earl Grey, ya que tiene hojas grandes y sueltas. También puede optar por el Darjeeling. Las mezclas de té indio, aunque deliciosas, no son las mejores para la adivinación, porque tienen partículas muy finas, pequeñas ramitas y hojas mucho más pequeñas.

Cuando haya terminado de beber el té, lo único que debería quedar en la taza son las hojas del fondo. Dé tres vueltas a la taza y luego déjela en el suelo para que el contenido se asiente. Las hojas formarán un patrón que podrá interpretar. Puede trabajar con símbolos bien conocidos, transmitidos de generación en generación. Por ejemplo, las hojas formando una manzana pueden significar educación o conocimiento. Si parece un perro, puede significar «lealtad». Una rápida búsqueda en internet le mostrará los signos con los que puede trabajar y sus significados. Tenga en cuenta que el hecho de que vea un perro no significa que haya alguien leal. Podría ser una señal de todo lo contrario. Todo depende del contexto y de lo que le diga su intuición.

Hablando de intuición, puede trabajar con ella en lugar de establecer significados simbólicos. Simplemente deje que las hojas hablen a su espíritu mientras transmite el mensaje al consultante. Es una buena idea practicar primero con amigos y familiares para estar seguro de dar en el clavo más a menudo. Siéntese con las hojas y, mientras las observa, preste atención a los sentimientos que despiertan en usted. ¿Siente algo positivo o negativo? ¿Qué aspectos de la vida vienen a su mente en este momento? Consulte con el buscador para que le ayude a afinar el mensaje de las hojas.

Tenga en cuenta que a veces verá más de una imagen. Podría tener una imagen prominente en el centro rodeada de otras más pequeñas, o podrían ser todas más o menos del mismo tamaño. Haga lo que haga, empiece por las imágenes del asa de la taza y desplácese por ella en el sentido de las agujas del reloj. ¿Está trabajando con una taza sin asa? En ese caso, empiece por la posición del mediodía (hacia el norte) y siga en el sentido de las agujas del reloj alrededor de la taza.

Asegúrese de tomar notas mientras lee las hojas. Tome fotos con su teléfono para no preocuparse por alterar accidentalmente las posiciones de las hojas. Preste atención a lo primero que note, porque es la información más profunda que la divinidad está tratando de comunicarle. A veces puede que no reciba imágenes, sino números o letras. También puede que vea símbolos antiguos o alienígenas o incluso formas de animales.

Por último, divida la taza en diferentes partes, porque la colocación de los símbolos o imágenes también es importante. El borde representa los asuntos que conciernen al aquí y al ahora. El centro se refiere al futuro inmediato, que puede ser de siete días a un mes. El fondo de la copa contiene la clave de su situación como un todo en el presente.

Videncia de luna llena

La adivinación consiste en mirar una superficie reflectante y dejar que le revele la verdad sobre el pasado, el presente o el futuro. Suele hacerse con agua, una bola de cristal o incluso un espejo. En el *Libro de los muertos* egipcio se menciona el proceso de adivinación, sobre todo en relación con el uso del espejo de Hathor para ver lo que depara el futuro. Los antiguos romanos tampoco eran ajenos a esta práctica. Antes de que el cristianismo llegara a los celtas, estos utilizaban cristales como el berilo para conocer el futuro. Incluso el gran Nostradamus practicaba la adivinación con agua a la luz de las velas para saber lo que tenía que saber.

Sin embargo, si realmente quiere atraer más poder, lo mejor es trabajar con la luna llena. La luna llena representa la intuición y tiene un aura de sabiduría. La percibimos profundamente, por eso nos sentimos tan vivos cuando la luna está en su plenitud. Esto se debe a que tenemos una conexión con el ciclo lunar.

Puede hacerlo en el interior, pero es mejor hacerlo en el exterior porque trabajará con el reflejo de la luz de la luna llena en el agua. Lo mejor es trabajar la misma noche de luna llena, pero si no puede, puede hacerlo la noche anterior o la posterior. Necesitará que el cielo esté despejado.

Cómo hacer videncia de luna llena
Necesitará:

- Un cuenco oscuro.
- Una mesa o su altar.
- Una jarra de agua.
- Un diario y un bolígrafo.

Pasos:

1. Forme un círculo esparciendo sal por el suelo alrededor de usted y de su altar. Debe estar descalzo.
2. Cierre los ojos y preste atención a cómo se siente. Preste atención también a la energía del mundo que lo rodea. Conviértase en uno con los sonidos, olores y sentimientos.
3. Ahora, dirija su conciencia interior hacia la luz de la luna. Sienta su poder fluyendo a través de usted. Conozca y acepte que está conectado a este poder y, por lo tanto, conectado con el universo.
4. Cuando se sienta preparado, abra los ojos y observe la noche y sus vistas. Debería sentirse muy alerta y con los pies en la tierra. Este es el poder de la luna fluyendo a través de usted.
5. Levante la jarra e imagine que el agua está llena de la sabiduría de la luna mientras la vierte en el cuenco. Imagine que la luz de la luna carga el agua aún más con su energía. Llene el cuenco y deje la jarra en el suelo.
6. Ubíquese sobre el cuenco para evitar que su sombra bloquee la luz de la luna que se refleja en el agua.
7. Mire fijamente el agua. No se esfuerce por ver imágenes. Deje que aparezcan solas. Puede que vea palabras o imágenes reales o escenas en el agua. También es posible que le vengan a la mente ideas y conceptos. Anote todo lo que vea y piense en un diario. Puede quedarse mirando el agua durante minutos u horas.

8. Si los mensajes no tienen sentido inmediatamente, no pasa nada, puede que tengan más sentido en los próximos días. El mensaje puede referirse a usted o a alguien cercano.

9. Use el agua para hacer más magia posteriormente, o riegue sus plantas con ella.

Tenga en cuenta que puede realizar este método de adivinación con un lago o un río en lugar de un cuenco de agua.

Adivinación con péndulo

Trabajar con péndulos es una de las maneras más fáciles de obtener el conocimiento divino que quiere. Todo lo que debe hacer es formular preguntas de sí o no y esperar una respuesta. Puede hacer su propio péndulo o comprar uno ya hecho. Si va a hacer el suyo, puede trabajar con cualquier objeto pesado. Una piedra o un cristal son estupendos. También necesitará una cuerda o alambre de joyería y una cadena ligera. Enrolle el alambre de joyería alrededor de la piedra y, en la parte superior, cree un bucle. Pase un extremo de la cadena por el lazo. La cadena debe ser lo suficientemente larga para balancear la piedra, pero no tanto como para que tropiece con todo. Para no hacerse daño, lime o meta los trozos de alambre que sobresalgan.

Cuando haya terminado, es hora de cargar el péndulo. Métalo en agua salada durante toda la noche. Asegúrese de que la piedra con la que trabaja soporta bien la sal y el agua. Si no, puede enterrarlo o dejar que absorba la luz de la luna durante la noche.

Después de esto, debe realizar la calibración. Básicamente, quiere saber cómo se comunica su péndulo para decir sí y no. Agárrese a la cadena y deje que la piedra cuelgue, manteniendo el antebrazo en equilibrio sobre una mesa para mayor estabilidad. A continuación, haga una pregunta obvia de sí o no, como «¿Me llamo Gary?». Si lo es, debería verla oscilar de un lado a otro o de adelante hacia atrás como un sí. Haga otra pregunta que le dé un no, y luego otra que le dé un sí. Haga un par de preguntas más y debería saber lo que significan los diferentes movimientos. Tenga en cuenta que a veces puede obtener un movimiento circular, y otras veces puede que su péndulo no responda. Cuando lo haya calibrado, podrá hacerle las preguntas que quiera.

Cómo utilizar su péndulo para la adivinación

Tendrá que hacer solo preguntas de sí o no, pero no debe dejar que eso le haga sentir limitado, porque puede aprender mucho de las preguntas correctas. Puede trabajar con un tablero de adivinación, que tiene letras en él. Es casi como una tabla ouija, ya que tiene números, letras y palabras, tal vez, no y sí. También puede utilizar el péndulo como varilla de zahorí para encontrar objetos perdidos. Muévase por la habitación en la que sospecha que está el objeto y observe si su péndulo se mueve más rápido (lo que significa que está cerca de él) o más lento (lo que significa que está lejos). Si necesita encontrar algo, pero solo conoce el país o el edificio, puede utilizar una lista de cada estado, un mapa, una lista de cada habitación o los planos del edificio. Deje que el péndulo planee sobre cada lugar y preste atención a dónde sus movimientos parecen más excitados. Puede incorporar cartas del tarot si busca respuestas que requieran mucho más que un simple sí o no. Utilice el péndulo para que le guíe hasta la carta, que luego podrá interpretar según necesite.

El *Ogham* celta

La palabra *Ogham* procede del nombre del dios celta Ogmios u Ogma. Es el encargado de conceder la alfabetización y la elocuencia a todos. Los pentagramas *Ogham* tienen letras del alfabeto *Ogham* y se utilizan como herramientas de adivinación para aquellos que eligen practicar su oficio de brujos a la manera celta. El alfabeto *Ogham* constaba de veinte letras; más tarde, ese número aumentó a 25. Todas las letras corresponden a un sonido y representan un árbol o una madera concreta. También representan diversos aspectos de lo que significa ser humano.

Si quiere, puede crear sus propios pentagramas *Ogham*. Todo lo que necesita es encontrar ramitas de la misma longitud o cortarlas de la misma longitud. Necesitará 26, siendo la última la que quede en blanco. Lo ideal es que cada ramita mida entre 10 y 15 cm. Con papel de lija, alise las ramitas y talle los símbolos *Ogham* en cada una, un símbolo por ramita. Si lo prefiere, puede pintarlos.

Cuando haya terminado, reflexione sobre el significado de cada símbolo. Siéntese con cada uno de ellos en meditación, impregnándose con su aura y sus interpretaciones únicas. Debería ser capaz de sentir la magia de cada símbolo. Asegúrese de que está en el estado mental adecuado para ello y de que no se distraerá. Después, consagre los pentagramas pidiendo ayuda a su deidad preferida y puede comenzar a trabajar con los pentagramas. Para ello, guárdelos en una bolsa y piense en lo que quiere saber. Meta la mano en la bolsa, baraje los pentagramas y saque uno. A continuación, el alfabeto *Ogham* y el significado de cada letra:

Beth o Beith: Abedul, nuevos comienzos, renacimiento, liberación, purificación, cambio, resistencia, liberación de energías negativas, aprendizaje de hábitos tóxicos, descubrimiento de relaciones tóxicas, dejar ir la toxicidad, necesidad de centrarse en lo positivo, tiempo para la regeneración emocional y espiritual, fecundidad después de tiempos difíciles.

Luis: Serbal, bendiciones, protección, sabiduría, perspicacia, alta conciencia, intuición, confianza, mantenerse fiel a la naturaleza espiritual, permanecer enraizado cuando se está inseguro.

Fearn o Fern: Aliso, evolución del espíritu, equinoccio de primavera, marzo, resistencia, perseverancia, individualidad, aprecio por la singularidad de los demás, mediación, instinto, consejo sabio, la voz de la razón.

Sallie o Suil: Sauce, crecimiento rápido, nutrición, abril, curación, protección, ciclos lunares, misterios femeninos, ciclos femeninos, alivio del dolor, flexibilidad, adaptabilidad, apertura al cambio, aceptación de lecciones desagradables para el crecimiento espiritual, necesidad de tomarse un descanso, descanso espiritual, confianza en el cambio venidero, llamada a la flexibilidad en asuntos espirituales.

Nionor Nin: Ceniza, la conexión del mundo interior y el mundo exterior, la creatividad, el sacrificio por objetivos más elevados, la sabiduría, las consecuencias, la interconexión espiritual y el equilibrio entre lo natural y lo sobrenatural.

Huath o Uathe: Espino, defensa, protección, limpieza, Beltane, fuego, energía masculina, fertilidad, virilidad, concepción exitosa de niños, salud, fuerza espiritual, superación de problemas, guía, ser una fuerza en la que otros puedan apoyarse.

Duir o Dair: Roble, confianza en sí mismo, resistencia, fuerza, dominio, verano, puertas, éxito, dinero, fertilidad, buena fortuna, masculinidad, durabilidad, salud, prevalecer ante las dificultades y la imprevisibilidad.

Tinne o Teine: Acebo, siempre verde, coraje, inmortalidad, hogar, estabilidad, unidad, protección, cambio, transición, bendición, llamada a escuchar la intuición, rapidez de respuesta, adaptabilidad a nuevas situaciones, triunfo, confianza en el instinto, equilibrio entre lógica y deseo.

Coll o Call: Avellana, agosto, luna de avellana, fuerza vital, creatividad, sabiduría, conocimiento, adivinación, aguas sagradas, autodefensa, utilizar lo que se tiene, compartir lo que se sabe, buscar la inspiración, dejarse llevar por lo divino, trabajar con el arte, recibir más inspiración.

Squirt o Ceirt: Manzano, fidelidad, renacimiento, amor, magia, ciclo interminable de la vida, fertilidad, prosperidad, necesidad de tomar la decisión correcta, apertura a nuevos caminos, recibir dones espirituales, permitir que las cosas no tengan sentido.

Muin: La vid, el vino, la profecía, la verdad, la pausa antes de hablar, la honestidad, la adivinación, la moderación en los placeres de la vida.

Gort: La hiedra, la búsqueda de uno mismo, lo salvaje, el crecimiento, el misticismo, la evolución, el desarrollo espiritual, *Samhain*, octubre, el renacimiento, la muerte, la vida, la buena fortuna para las mujeres, la protección contra la magia, la protección contra las maldiciones, el amor, el destierro de todas las cosas y relaciones negativas, la búsqueda de respuestas desde el interior, la búsqueda de aliados espirituales en el exterior.

Ng o nGeatal: Junco, propósito, acción, salud, curación, amigos y familia, liderazgo, reconstruir lo que ha sido derribado, devolver el orden, proactividad sobre-reactividad, crecimiento espiritual.

St o Straith o Straif: Endrino, autoridad de control, triunfo sobre los enemigos, fuerza, magia oscura, la Morrigan, la Crona, esperar lo inesperado, aceptar el cambio de planes, influencia externa, el comienzo de un nuevo viaje, sorpresas agradables y desagradables por venir.

Ruis: Sauco, invierno, finales, conciencia de la experiencia, madurez, rejuvenecimiento, recuperación, la Diosa, los Fae, preservación, transición, conocimiento, madurez, una llamada a ser infantil, novedad.

Ailim o Ailm: Olmo, perspectiva, visión, *Beltane*, flexibilidad, visión de conjunto, objetivos a largo plazo, preparación, notar el progreso, crecimiento espiritual, sabiduría e inspiración y ayuda de los demás.

Onn u Ohn: Aulaga, planes a largo plazo, determinación, esperanza, perseverancia, desterrar lo malo, manifestar el deseo, utilizar sus dones para bendecir a los demás, tutoría, liderazgo.

Ura o Uhr: Brezo, generosidad, pasión, mensajeros espirituales, el Otro Mundo, seguridad de victoria, tiempo para desestresarse, curación física, mental y espiritual.

Eadhadh o Eadha: Coraje, resistencia, durabilidad, éxito, voluntad fuerte, triunfo sobre enemigos y obstáculos, protección, los Fae, doblarse, pero no romperse, adversidad a punto de terminar, liberación del miedo, permitirse ser vulnerable, centrarse en el crecimiento espiritual, dar el primer paso.

Iodhadh o Idad: Tejo, finales, muerte, lo nuevo de lo viejo, renacimiento, grandes cambios por venir, momento de soltar lo que no sirve, aprovechar las grandes transiciones.

Eabhadh: Árboles de arboleda, resolución de conflictos, consejo sabio, justicia, armonía espiritual, aclaración de malentendidos, necesidad de comunicación, predicar con el ejemplo, menos hablar y más actuar, equidad, sabiduría y ética.

Oi u Oir: Bonetero, fuerza en la vulnerabilidad, honor familiar, cumplimiento de las obligaciones, curiosidad, conexión con los demás.

Uillean: Madreselva, manifestar su deseo, deseos secretos, metas, encontrar quién es, libertad para ir tras lo que quiere, cumplir sueños, disfrutar de la vida, aferrarse a los valores, descubrir misterios.

Ifin o Ifín: Pino, visión, conciencia tranquila, necesidad de dejar de sentirse culpable, tiempo de enmendarse, tiempo de seguir adelante, ser intelectual en lugar de emocional.

Amhancholl o Eamhancholl: Avellano, limpieza, purificación, liberación de cargas emocionales, liberación de energías anquilosadas, reevaluación del viaje espiritual, replanteamiento de prioridades.

Capítulo ocho: Magia de cocina

Las brujas del cerco han existido durante siglos y han aprendido a usar sus habilidades culinarias para la magia de muchas maneras. Lo que las brujas del cerco suelen practicar se conoce como magia de cocina. La magia de cocina puede ser practicada por cualquier persona interesada, independientemente de su espiritualidad o sistema de creencias. Tanto si busca hacer nuevos amigos mientras alimenta a su comunidad, como si quiere unirse a un aquelarre que comparta sus creencias paganas, este capítulo le ayudará a iniciarse en la práctica de la magia de cocina cotidiana como una bruja del cerco.

La magia de cocina es divertida y poderosa. Todo empieza en la chimenea, que es de donde se alimenta toda la casa. Es una práctica muy antigua, realizada por mujeres que conocían bien el poder de las plantas y las hierbas y que sabían cómo canalizar ese poder para conseguir diferentes efectos, desde la curación y la bendición hasta la protección contra el mal de ojo.

La cocina es un lugar del hogar con muchas supersticiones e historias. Originalmente, el fogón estaba pensado para hacer ofrendas a las divinidades y hacerlas partícipes. Donde otros solo ven ingredientes para cocinar, la bruja de la cocina puede ver y sentir la magia que espera a ser aprovechada. Se podría pensar que el proceso de la magia de cocina es como la meditación, en la que todo lo que se hace en la cocina, desde cocinar hasta limpiar, está impregnado de una intención mágica.

Al igual que otros tipos de magia, la magia de cocina puede realizarse con fines buenos o malos. Las recetas que encontrará en este capítulo son ejemplos de magia de cocina buena. Puede transformar su cocina en un lugar de alquimia, donde usted es el mago que mezcla ingredientes para producir resultados mágicos y crear platos maravillosos que deleiten los sentidos y contengan numerosas propiedades mágicas.

Su magia en la cocina no tiene por qué limitarse a la comida. Puede utilizar sus habilidades culinarias y sus conocimientos de magia de cocina para crear velas y otros adornos asombrosos. Intente mezclar ingredientes naturales, como cera de abeja, cera de soja y aceites esenciales para hacer velas aromáticas. En internet hay cientos de recetas para hacer estas velas naturales. También puede utilizar la magia de cocina para fines más prácticos, fabricando su propio detergente o productos de limpieza.

Nadie es mejor anfitrión que una bruja del cerco que hace magia de cocina. Puede confiar en que todo lo que hay en su cocina es una herramienta mágica. Puede utilizar su cuchillo de carne como boline o athame. Puede usar una zanahoria como varita mágica. No importa con qué trabaje. Lo que importa es la actitud con la que lleva a cabo su arte, así que si quiere practicar, debería considerar su casa como un espacio sagrado.

Qué hacen las brujas de cocina

Una bruja de cocina puede cultivar sus propias hierbas si lo desea. Puede trabajar con ellas para bendecir a otros o realizar una limpieza necesaria. También puede practicar la taseomancia para ayudar a sus invitados, preparar una infusión especial para ayudarle si tiene un resfriado o depresión y mucho más. Como bruja del cerco, también es una bruja de la cocina si decide hacer magia con la comida. No hace falta que sea creyente ni que sus inclinaciones religiosas le alejen de su oficio. Sabrá si tiene habilidades para la magia en la cocina por su forma de cocinar. Si le apasiona preparar buenos platos y le encanta que los demás disfruten de su cocina, no está muy lejos de convertirse en una bruja de la cocina. Todo lo que necesita es un poco de intención mágica.

¿Cree que usted es una bruja de cocina?

A una bruja de cocina también se la llama bruja de cabaña; sus hechizos son sus comidas mágicas. Puede trabajar con deidades o espíritus mientras cocina para atraer su energía y hacer que sus hechizos sean más poderosos. Si se siente atraído por la magia de cocina, pero no sabe por dónde empezar, lo primero que debe hacer es simplificar las cosas. Esta magia es muy práctica y directa. Lo que va a cambiar en su forma de cocinar es que cada parte del proceso llevará más atención e intención. Al hacer esto, va a notar que la forma en que piensa en su casa y en su espacio personal también cambiará.

Su encimera y su estufa le servirán de altar, así que puede colocar en ellas los objetos espirituales que le recuerden lo que quiere conseguir con su magia. Además, querrá preparar su casa para que la gente se sienta relajada cuando entre, como si estuviera escapando de las duras realidades del mundo.

Quizás quiera dedicarse a la jardinería, ya que es estupendo tener hierbas frescas a mano para preparar cualquier comida que quiera. Todo lo que necesita es un alféizar con suficiente luz solar para cultivar sus hierbas. Además, cultivar plantas en casa aporta una energía encantadora y mágica. Si no puede cultivar hierbas o no le interesa, tampoco pasa nada. Puede trabajar con hierbas secas; que estén secas no significa que hayan perdido su potencia.

Según las tradiciones y la sabiduría popular, también debería informarse sobre lo que representa cada hierba y planta con la que trabaja. Averigüe también el significado de cada utensilio de cocina. Por ejemplo, al barrer la suciedad del suelo, debe vaciarla fuera de casa para que entre más fortuna en su espacio y en su vida. Así, la próxima vez que lo haga, ser más consciente de la implicación espiritual garantiza que atraerá la buena fortuna.

Preparar el espacio

Su altar no debería estar desordenado, así que tenga cuidado si es así. Use sus manos o una escoba mágica para barrer todas las energías rancias, atascadas y negativas que aún rondan el espacio cuando todo se haya ido. En su altar, coloque algunas estatuas o símbolos que representen las energías y seres con los que quiere trabajar su arte. Pueden ser generales o específicos para hechizos concretos que quiera realizar.

También debe colocar en su altar las herramientas que utilizará, como utensilios, cucharas, palillos, un mortero, cuchillos, athame, varita, etc. También necesitará tener a mano su grimorio, para consultar los hechizos que tiene en él o tomar notas sobre lo que hace de forma diferente con el hechizo en el que está trabajando cuando sea necesario. También puede colocar allí sus hierbas sagradas y otros alimentos. No olvide que necesitará su caldero. Aunque no tiene por qué utilizarlo, ya que puede ser simplemente simbólico. Usted decide cuál es la mejor opción para usted.

Trabajar con deidades

No tiene por qué dedicarse a una deidad más que a otra. Puede trabajar con varias para hacer diferentes hechizos. Por ejemplo, si quiere hacer una comida de la suerte, trabajar con Fortuna es una buena idea. Es la diosa de la fortuna. Otra diosa con la que puede trabajar es Annapurna, que supervisa la comida y la nutrición según los hindúes. Anna significa «alimento», y Purna significa lleno o completo. Ella se encarga de nuestro sustento. Según la tradición, su consorte, Shiva, declaró una vez que los hombres eran el género superior. Entonces, Annapurna desapareció enfurecida y, como consecuencia, el mundo se sumió en una terrible hambruna. Todos se salvaron solo cuando ella decidió regresar y compartir su generosidad con el mundo. Trabajar con ella bendecirá sus hechizos.

También puede trabajar con Andhrimnir. Él es el chef de los Dioses Aesir. Según la tradición, cada día mata a Saehrimnir, el jabalí, y luego lo cocina para ofrecérselo a los dioses. Cada noche, Saehrimnir vuelve a la vida. Es bueno trabajar con Andhrimnir porque es un cocinero increíble, así que si quiere hacerlo mejor y dar a sus seres queridos una comida que no olvidarán, trabaje con él.

Hestia, la diosa griega del hogar, es otra deidad que puede ayudarle. Está relacionada con la familia, el calor, el amor y la comida. Según la tradición, Zeus confiaba en Hestia para asegurarse de que el fuego del Olimpo no se apagara. Para ello, ofrecía carne grasa en sacrificio. Trabaje con ella y tendrá comidas que reforzarán la conexión entre todos los que estén bajo su techo o participen en ellas.

Hechizos mágicos

Aunque todos los ingredientes de la comida son mágicos si usted lo reconoce, el conocimiento clave que necesita está alrededor de las especias y hierbas y sus propiedades energéticas. Cuando conozca sus poderes, solo tendrá que añadir el ingrediente correspondiente a su comida para convertirla en mágica. He aquí una lista rápida de las especias y hierbas básicas con las que puede trabajar y lo que aportan a la mesa en términos mágicos:

- **Romero:** Bueno para la memoria, fomenta el pensamiento claro y la protección y aumenta la fuerza y el coraje. También es bueno para bendecir.
- **Pimienta dioica:** Excelente para la energía, la felicidad, la paz y el éxito.
- **Canela:** Aumenta los poderes psíquicos, da éxito y favorece la curación.
- **Jengibre:** Actúa como un potenciador de la energía y acelera la velocidad de manifestación de sus hechizos. También es bueno para hechizos de poder, dinero y amor.
- **Cilantro:** Úselo para asuntos de dinero y salud.
- **Clavo de olor:** Se utiliza para la purificación, la protección y el éxito.
- **Albahaca:** Potencia la creatividad, inspira valor y es estupenda para la protección. También aporta abundancia, buena suerte, poder psíquico, lujuria y amor.
- **Hojas de laurel:** Sabiduría, adivinación, prosperidad, protección, amor y alegría.
- **Ajo:** Excelente para protegerse de las energías negativas. También es bueno para alcanzar el poder.
- **Perejil:** Añádalo a sus hechizos de purificación.
- **Menta:** Utilícela para atraer el éxito, el amor, el dinero y la lujuria. Favorece la felicidad, la paz y la seguridad.

La menta fomenta la felicidad

Comunistas, CC BY-SA 4.0 <https://creativecommons.org/licenses/by-sa/4.0>, vía Wikimedia Commons: https://commons.wikimedia.org/wiki/File:Mint_leaves_(Mentha_spicata).jpg

- **Nuez moscada:** Úsela para la intuición y el crecimiento psíquico. Úsela también para fomentar la paz, la felicidad y la prosperidad.
- **Salvia:** Para la sabiduría espiritual, la adivinación, la protección, la purificación, la longevidad, el coraje, la riqueza y la prosperidad en todos sus asuntos.

Recetas mágicas de cocina

Cuando prepara una comida, utiliza varios ingredientes con diferentes propiedades mágicas. El truco aquí, por lo tanto, es centrar su atención y energía en manifestar las propiedades de los ingredientes específicos que utiliza. Algunas personas tienen recetas como «Pastel Adiós Mala Suerte» o «Sopa Vegetal Sentirse Mejor», pero la verdad es que el mismo pastel o la misma sopa pueden usarse para otros propósitos además de alejar la mala suerte o hacer que alguien se sienta mejor, porque contienen otros ingredientes.

Así que, piense en su intención para su hechizo, luego considere las hierbas y especias que crearían esa energía y luego prepare la comida enfocándose en esas energías mientras trabaja con esas hierbas. No es práctico nombrar una receta con un propósito específico. ¿Qué va a hacer, preparar un pastel de canela con canela como único ingrediente? No tiene sentido. Así que mantenga su intención mientras cocina y, cuando llegue el momento de añadir los ingredientes cuyas energías quiere utilizar, haga una rápida oración indicando en qué quiere que le ayuden antes de añadirlos a la comida. Así que, ¡vamos con algunas recetas que puede probar!

Pollo a la marinera

Gracias a Tasty.co por esta receta.

Necesitará:
- 3 libras de pollo (protege a su familia y su casa).
- 1 cabeza de ajo, en puré o rallado (ofrece protección).
- ¾ taza de albaricoque seco (para el amor).
- 3 cucharadas de orégano seco (amor, suerte, protección).
- 2 cucharaditas de sal kosher (purifica y protege).

- ⅓ taza de aceite de oliva (fomenta la protección, la paz y la lealtad).
- 3 ciruelas rojas deshuesadas y cortadas en cuartos (fomenta la relajación, el amor y la lujuria).
- 1 taza de aceitunas verdes (igual que el aceite de oliva).
- ⅓ taza de vinagre de vino tinto (alegría, salud, fuerza física).
- 6 tazas de cuscús (nutrición, abundancia).
- ⅓ taza de vino rosado seco (alegría, amistad).
- ½ taza de alcaparras en salmuera (ofrece protección y amor).
- ⅓ taza de albahaca fresca, cortada en rodajas finas (fomenta la prosperidad y el amor).
- ⅔ taza de azúcar moreno claro (para mejorar el humor, hacer que la gente le favorezca, fomentar el amor).
- 3 hojas secas de laurel (ofrece protección psíquica).

Tenga en cuenta que puede utilizar un vino rosado burbujeante en lugar de vino rosado seco. También puede utilizar sal rosa del Himalaya en lugar de sal kosher.

Pasos:

1. Utilice la sal para sazonar el pollo de manera uniforme.
2. Esparza una cucharada de orégano y el ajo por todo el pollo.
3. En una fuente de cristal para hornear de unas 9 x 13 pulgadas, mezcle el aceite de oliva, las aceitunas verdes, el vinagre de vino tinto, dos cucharadas de orégano, las alcaparras, los albaricoques, las ciruelas y las hojas de laurel.
4. Añada el pollo a la fuente y dele la vuelta para cubrirlo con la mezcla. Deje la parte de la piel hacia arriba.
5. Cubra la fuente con film transparente. Deje reposar el pollo en el frigorífico durante 12 horas o toda la noche.
6. Precaliente el horno a 375 grados Fahrenheit.
7. Saque el pollo de la nevera. Déjelo reposar media hora para que vuelva a la temperatura ambiente.
8. Seque el pollo con una toalla de papel.
9. Espolvoree el azúcar moreno sobre la piel del pollo.
10. Eche la rosa alrededor del pollo, pero no sobre la piel.

11. Hornee de 35 a 40 minutos, o hasta que el termómetro marque 160 grados Fahrenheit (al insertarlo en el pliegue de un muslo cerca del hueso). La piel debe tener un bonito color dorado.
12. Saque el pollo del horno y déjelo enfriar durante diez minutos. La temperatura subirá 5 grados, gracias al calor residual.
13. Sirva el pollo con la salsa junto con el cuscús. Utilice albahaca para adornar.

Pollo asado a las hierbas

Necesitará:
- 1 pollo entero (limpia).
- 1 cebolla, cortada en trocitos (para eliminar enfermedades).
- ½ barrita de mantequilla salada (proporciona alimento en todos los aspectos de la vida).
- 1 puñado de hierbas frescas (combine melisa, tomillo y romero).
- 2 limones, sin pelar, cortados en trozos (para la purificación).
- Sal al gusto (para protección y purificación).
- Pimienta al gusto (también para protección y purificación).

Pasos:
1. Precaliente su horno a 350 grados Fahrenheit.
2. Limpie su pollo si no está ya limpio. Deshágase de las tripas, lávelo todo con agua y séquelo con toallitas de papel para eliminar la humedad excesiva.
3. Exprima uno de los trozos de limón en el centro del pollo y, a continuación, rellénelo con las cebollas, las hierbas frescas y el otro trozo de limón. Utilice un cordel para atar las patas del pollo y asegurar el relleno.
4. Ponga el pollo en una fuente y déjelo hornear veinte minutos por cada kilo que pese a 350 grados Fahrenheit.
5. Cuando solo queden cuarenta minutos de horneado, o justo antes de que la piel esté crujiente, derrita la mantequilla. Vierta la mantequilla derretida sobre el pollo y vuelva a meterlo en el horno.
6. Cada diez o quince minutos, utilice los jugos de la sartén para ponerle al pollo.

7. Sáquelo y espere a que se enfríe antes de servirlo.

¿Qué otras recetas conoce? Tenga en cuenta sus especias, hierbas y otros ingredientes. ¿Cómo puede convertirlos en hechizos mágicos? No hay límites y no hay forma incorrecta de hacerlo.

Capítulo nueve: *Sabbats* y rituales sagrados

Las brujas del cerco están en sintonía con la naturaleza, lo que significa que son conscientes de sus cambios a lo largo del año. En este capítulo, examinamos cada uno de los ocho festivales de la Rueda del Año, centrándonos en los aspectos paganos del ciclo.

Sabbats

Los *sabbats* son fiestas que se celebran para marcar el comienzo de cada estación y sus puntos intermedios. Se reparten uniformemente a lo largo del año. Estos *sabbats* tienen sus raíces en el paganismo germánico y celta. La palabra *sabbat* procede etimológicamente de la lengua hebrea y es un concepto central en el judaísmo. Está relacionado con la palabra «*sabbat*», un tiempo para reunirse y asegurarse de que se llevan a cabo ciertos ritos y rituales.

Las ocho fiestas paganas o *sabbats*

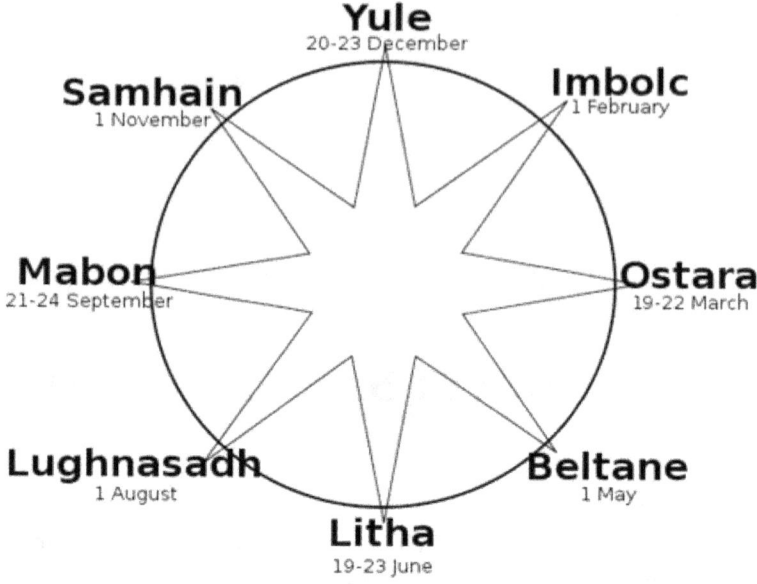

Calendario de las ocho fiestas paganas
https://commons.wikimedia.org/wiki/File:Wheel_of_the_Year.svg

Yule: Es el solsticio de invierno, que tiene lugar del 20 al 23 de diciembre. En este momento, los días son más cortos de lo habitual. Es cuando todo el mundo hace lo que debe para prepararse para los tiempos fríos que se avecinan. Es un buen momento para recordar que el elemento del fuego y el sol aportan calor a todos y hacen posible la vida en el planeta. Es entonces cuando la gente suele decorar los árboles con comida, concretamente con el tipo de comida que se da bien en épocas frías. Con ello se pretende recordar a todos que, aunque las cosas se pongan oscuras y frías, el crecimiento es un proceso continuo y la vida nunca acaba.

La Navidad tiene ciertas tradiciones que toma prestadas de este *sabbat*. Por ejemplo, está el árbol de Navidad, originalmente destinado a alejar a los espíritus negativos del inframundo y bendecir con excelente suerte. También está el muérdago, que se utilizaba con el mismo fin. Yule es una tradición muy antigua, una de las más antiguas en lo que respecta a la civilización humana. El solsticio de invierno se celebra el día más corto del año.

Cómo celebrar Yule

1. Yule es un momento excelente para reunirse con la familia y los amigos.
2. Puede encender su árbol de Navidad sin necesidad de talar un árbol.
3. Decore su casa de rojo y blanco.
4. Haga entrar la energía de Yule con un regalo para un ser querido.
5. Lleve un lazo rojo, ya que simboliza el amor y la pasión, pero lo más importante es que simboliza la resistencia eterna del amor a través de las luchas y las pruebas.
6. Encienda velas y decore con muérdago, acebo, hiedra, tejo o ramas de pino.
7. Cuelgue adornos en el árbol o alrededor de su casa para atraer la buena suerte en abundancia durante todo el año. También puede colgar campanillas de viento, que lo pondrán rápidamente en armonía con las energías del espíritu en movimiento mientras entonan su melodía por toda la casa.

Imbolc: Cae el 2 de febrero y se celebra en honor de la diosa Brigid, que bendice a todos con la fertilidad. En otras palabras, es como una primavera violenta. En este *sabbat* se reúne con otros y celebra la llegada de la primavera, la primavera misma y otras cosas buenas de su vida. También es un momento en el que se evalúa la vida personal para ver si hay que hacer alguna mejora en la forma en que vivimos. Es cuando se ponen velas, bollos y otros alimentos y se decoran en honor de la llegada de la primavera. Recuerda a todos que los tiempos difíciles están a punto de terminar.

Imbolc también es un momento sagrado para meditar sobre el amor, que se supone que conduce a la felicidad, la paz, el reconocimiento de los demás y una sensación general de bienestar. Esto recuerda que, para que algo se considere realmente sagrado, no solo debe estar relacionado con la propia vida, sino también con el bienestar de los demás. Por esta razón, en la antigüedad era importante hacer algo que beneficiara a todos los que vivían alrededor.

Este es el punto medio entre el solsticio de invierno y el equinoccio de primavera. Durante este tiempo, notará que los días se hacen más largos. Eso significa que es hora de disfrutar de alimentos más ligeros y, en general, de más optimismo. El elemento fuego que actúa es la llama o luz/calor, mientras que el agua sigue siendo el elemento de purificación. Durante este tiempo se hace lo que se puede para asegurar una buena temporada de cultivo, de modo que se puedan cultivar los alimentos y crear riqueza para usted y su familia. La mejor manera de hacerlo es asegurarse de que los restos del año pasado y la mala energía o los espíritus no se queden, sino que se vayan. Para ello, se barren las casas y negocios con escobas de caña. Se retiran los muebles viejos y se traen muebles nuevos y frescos. También está la tradición de encender una vela en el alféizar de la ventana para indicar que ha llegado la primavera y que la vida seguirá adelante. Esta fiesta no tiene que ver con la fertilidad, como mucha gente cree. Se trata de celebrar la abundancia que trae consigo en general la estación.

Cómo celebrar Imbolc

1. Puede hacer una fiesta en honor de Brigid y a todas las bendiciones que trae a su vida y la de todos los que le rodean. Páselo bien y ¡coma, beba y alégrese!
2. Encienda una vela en el alféizar de la ventana para señalar el nuevo crecimiento y el futuro que espera.
3. Celebre la llegada de la primavera decorando con flores, plantas, gavillas de trigo o nuevos brotes en general. Por ejemplo, si es 2 de febrero, puede decorar con ramas de abeto recién cortadas y espolvoreadas con sal de invierno (véase la descripción más abajo). Esto significa renovación y borrón y cuenta nueva para usted después de los duros meses de invierno.
4. También puede decorar la casa con flores o tallos de trigo.
5. Haga bollos de trigo con azafrán, que le recordarán la importancia de la comida en su vida y representan una forma antigua de esta fiesta.
6. Asegúrese de que su casa está limpia, así como su casa de magia o templo, si tiene uno en casa. Así sabrá que los malos espíritus que puedan haber estado rondando desde el año pasado ya se han ido y no volverán pronto. Y si lo hacen, al menos será porque fueron invitados.
7. Cree un deseo y déselo a conocer a la diosa, luego viva el resto de su vida sabiendo que Brigid ha tenido en cuenta su deseo, pero que depende de usted sacar el máximo provecho de lo que ocurra.

Ostara: Es el equinoccio de primavera y cae entre el 19 y el 22 de marzo. Eso significa que en esta época hace sol y calor. También es un día de renovación y del estado natural de las cosas. Es cuando se hace lo necesario para que la vida vaya bien, tanto personal como profesionalmente. Nos referimos a asegurarse de que no hay nada negativo que necesite eliminar, y de que todo lo que ha añadido durante el invierno tiene la oportunidad de florecer. Este es también un momento para el amor romántico, la fidelidad en el matrimonio, las relaciones de amistad uno a uno, la pertenencia a un grupo o sociedad y las asociaciones laborales. Notará que está más interesado en el sexo y el romance que en la religión, lo que también es un signo de la primavera.

Los elementos del agua y del espíritu se fusionan en este momento, lo que significa que es hora de hacer las paces con las condiciones existentes y con el pasado. Invite a otras personas a su casa para comer y conversar para darse fuerzas mutuamente. Como es el equinoccio de primavera, también es el mejor momento del año para plantar nuevas semillas o plantas, añadiendo algo de belleza a su hogar. También es un buen momento para mudanzas a nuevos hogares y nuevas carreras. La festividad cristiana de Pascua toma mucho prestado de esta fiesta que en realidad es en honor de la diosa Eostre, de origen germánico.

Cómo celebrar Ostara

1. Puede decorar con flores y plantas, especialmente semillas y arbolitos, si los tiene.
2. Puede crear cestas tradicionales de Pascua llenas de alimentos como huevos, pan y vino.
3. Puede decorar para celebrar el amor, los juramentos de fidelidad, la lealtad y la amistad trayendo un ramo de flores para el porche o la puerta de entrada o adquiriendo una escoba nueva para su casa si hace muchos meses que no tiene una.
4. Puede esperar hasta el 1 de abril para trabajar en todos los votos de fidelidad, amistad y amor romántico durante Ostara.
5. Puede asegurarse de decorar su casa con flores, plantas, espigas de trigo o incluso plantas de interior para significar la renovación de la vida.
6. Intente encontrar un nuevo trabajo, ya sea en su carrera actual o en una totalmente distinta, para asegurarse de que avanza en la vida y permite que fluya la fértil energía de Ostara. Asegúrese de cumplir sus votos de fidelidad.

7. Dé paseos por el bosque y la naturaleza para limpiar su espíritu y hacer las paces con el pasado y el mundo natural actual que le rodea.

Beltane: Se celebra el 1 de mayo. También se llama Festival del Fuego y marca el tiempo entre el equinoccio de primavera y el próximo solsticio de verano. En este momento, la primavera ha avanzado y empieza a dar paso al calor y a los días más largos que marcan el verano. La raíz etimológica de Beltane procede de Bel, un dios celta, y *teine*, palabra gaélica que se traduce como «fuego». En esta época, se espera que muestre su aprecio por la primavera, agradecido porque hace que todo sea fértil físicamente y en otros aspectos de su vida. En esta época, la gente baila alrededor del palo de mayo, a menudo con coronas de flores en la cabeza. También se cree que el velo entre el mundo físico y el Otro Mundo es delgado en esta época y por lo tanto es una buena idea realizar magia que requiera un poder extra. También es el momento de celebrar la llegada de la cosecha.

Cómo celebrar Beltane

1. Puede decorar su casa para honrar la llegada del verano utilizando plantas como espigas de trigo, tallos de trigo, tallos de maíz e incluso ramitas de acebo recién recogidas.
2. Honre al dios Bel ofreciéndole granos en su altar.
3. Celebre la llegada de la cosecha colocando tres vasos de cerveza en forma de triángulo alrededor de su casa durante tres días.
4. Celebre el nacimiento del amor, la amistad y la devoción a su deidad o diosa favorita en este momento.
5. Baile alrededor del palo de mayo con sus amigos y tenga mucha alegría, risas y diversión.
6. Puede limpiar su casa eliminando las cosas innecesarias.
7. Puede plantar semillas y árboles jóvenes para honrar la fertilidad y el nuevo crecimiento, así como para honrar la vida.

Litha: Se celebra entre el 19 y el 23 de junio. También se conoce como solsticio de verano o pleno verano y, a diferencia de Yule, es el día más largo del año y la noche más corta. Puede hacer el trabajo que deba en esta época, pero también debe celebrarlo, ya que ahora tendrá días largos que le dará el tiempo suficiente para lograr sus objetivos y estar alegre. Es el momento en que muchos se comprometen y en el que las bendiciones se pronuncian sobre la tierra, por lo que la cosecha es abundante. Tradicionalmente, esta época se celebra con procesiones de antorchas y hogueras. Con ellas se pretende recordar el poder y la gloria del sol, que con el tiempo pierde su poder cuando el verano da paso de nuevo al invierno.

Cómo celebrar Litha

1. Puede decorar su casa con plantas y flores como rosas, madreselva y dedalera.
2. Es el momento de ponerse al día con los objetivos del verano.
3. Puede honrar a las deidades de la fertilidad y el sol con la decoración de su casa o colocando sus estatuas o imágenes.
4. Puede celebrar la llegada del amor, la amistad y el romance con sus seres queridos.
5. Haga ofrendas a las deidades arrojando alimentos a las hogueras, aunque no cualquier alimento, sino frutas y frutos secos como castañas y nueces, así como leche o productos lácteos como mantequilla y nata, para honrar a estos dioses.
6. Dé muchos paseos al aire libre para disfrutar del aire veraniego y para limpiar su mente de todo aquello en lo que ha estado pensando durante mucho tiempo.
7. Plante nuevas semillas y arbolitos para honrar la fertilidad y la prosperidad.

Lughnasadh: También llamado la primera cosecha, se celebra el 1 de agosto. Es un momento entre el verano y el otoño en el que se recogen las primeras cosechas de los campos. Se trata de celebrar que la tierra ha trabajado con el sol para producir más que suficiente fruta y grano para todos. Es importante dar gracias por lo bueno que se recibe. Es un momento tan alegre que muchos también eligen esta festividad para casarse. El *sabbat* debe su nombre a Lugh, el dios de la luz. Se dice que Tailtiu, su madre, ayudó a preparar las tierras de Irlanda para que las cosechas pudieran plantarse con éxito.

Cómo celebrar Lughnasadh

1. Puede decorar su casa con plantas como espigas de trigo, tallos de trigo, tallos de maíz e incluso ramitas de acebo recién recogidas.
2. También puede decorar su casa con calabazas y huevos pintados para celebrar las primeras cosechas del año.

3. En esta época, muchos hacen grandes hogueras en las que tradicionalmente se cocinan alimentos en grandes calderos para que las llamas impartan buena suerte y bendiciones de prosperidad a la tierra. Esto se debe a que Lughnasadh es una época en la que el fuego es muy poderoso y mágico.
4. Haga ofrendas al dios y la diosa del sol arrojando comida a las hogueras.
5. Celebre a su madre o a su padre esa noche con un banquete, sobre todo porque celebra su cosecha.
6. También puede pedir poder durante el año y abundancia en todo lo que haga celebrando un ritual alrededor del fuego para ayudar a equilibrar las energías de su hogar y así ayudar a que todos sean prósperos en todos los aspectos de la vida (trabajo, amor y juego).
7. Si le es posible, use ropa nueva que signifique fertilidad y abundancia en este momento, así como zapatos nuevos, el calzado es necesario para hacer lo que hay que hacer durante este tiempo.

Mabon: También se conoce como el equinoccio de otoño, que tiene lugar del 21 al 24 de septiembre. Es cuando llega el otoño, marcando el momento de recoger la cosecha. Es una época de abundancia y todo el trabajo que la gente ha puesto en sus proyectos llega a buen término en este momento para que se puedan hacer los preparativos para los meses fríos que se avecinan.

Cómo celebrar Mabon

1. Puede decorar su altar con frutas frescas como manzanas y peras.
2. Puede colgar fruta seca como pasas y arándanos alrededor de su casa para significar la abundancia de la buena fruta recogida en la época de la cosecha.
3. Puede hacer máscaras de papel maché que parezcan calabazas y espantapájaros hechos de paja para honrar la llegada del otoño y de la temporada de cosecha.
4. Trate de ayudar a los amigos y familiares que están pasando por dificultades durante este tiempo, dándoles apoyo y oraciones.
5. Puede celebrar la llegada del amor, la amistad y la prosperidad dando gracias a su deidad favorita.
6. Limpie su casa deshaciéndose de las cosas innecesarias.

7. Use joyas de plata o piedras lunares, que se cree que celebran al dios de la tierra en esta época, y dé gracias por lo que ha recibido.

Samhain: También conocido como Halloween, se celebra el 31 de octubre o el 1 de noviembre. Es una época mágica del año, ya que es la única en la que el velo entre nuestro mundo y el Otro Mundo es más delgado, lo que permite que vivos y muertos interactúen y utilicen el poder del otro cuando sea necesario. También se conoce como la Víspera de Todos los Santos, el momento en que todos presentan sus respetos a los familiares, parientes y otros seres queridos que han fallecido. Para celebrarlo, es costumbre hacer faroles con calabazas para iluminar el camino de los que ya no están, para que puedan encontrar su próxima aventura. Puede aprovechar este momento para buscar orientación, deshacerse de la negatividad que persiste obstinadamente, buscar ayuda en situaciones difíciles o confusas y empezar el nuevo año con buen pie para tener más posibilidades de terminarlo con éxito.

Cómo celebrar Samhain

1. Puede decorar su casa con fruta fresca, así como con calabazas, velas y *Jack O'Lanterns.*
2. También puede hacer una comida especial, como un banquete, alrededor de la mesa en la que esté sentado con sus seres queridos.
3. Establezca intenciones para el Año Nuevo, diciendo lo que va a hacer y lo que quiere conseguir.
4. Entierre y queme las cosas viejas que no tengan significado o poder para permitir que las cosas nuevas influyan en su vida. Esto incluye también quemar velas como ofrenda.
5. Asegúrese de utilizar la energía de este *sabbat* para eliminar cualquier mal hábito.
6. También puede restablecer las energías de su hogar quemando salvia o deshaciéndose del desorden y de los objetos no deseados que ocupen espacio dentro de su casa.
7. Use colores oscuros en este momento para entrar en contacto con los muertos y buscar orientación sobre cómo lograr lo que desea hacer en su vida.

Capítulo diez: Su libro de hechizos

La gente a menudo se pregunta cuál es el mejor momento para practicar hechizos. No importa si lo hace por la mañana, al mediodía o por la noche. Puede tener «horas fijas» y aun así no obtener resultados porque no está en el estado mental adecuado o sus intenciones no son claras. En otras palabras, lo único que importa con un hechizo es que sepa exactamente lo que quiere lograr, y que esté en un estado mental completamente concentrado, libre de distracciones y preocupaciones.

Según la comunidad psicodélica, se podría decir que los hechizos eficaces son menos sobre el tiempo y más sobre «la preparación y la ubicación», siendo la preparación su estado de ánimo antes, durante y después del hechizo, y la ubicación el lugar en donde lleva a cabo el hechizo. Debe realizar el hechizo en un lugar donde no le molesten. Hágalo en un lugar que le resulte agradable para que pueda concentrarse en la tarea que tiene entre manos y no pierda energía tratando de hacer cómodo un espacio desconocido o incómodo.

Una nota final: Mientras que hierbas específicas son mencionadas en cada hechizo, tenga en cuenta que no hay ninguna regla que diga que debe trabajar con ellas. Por ejemplo, si un hechizo de abundancia pide una hierba, pero no la tiene a mano, siéntase libre de reemplazarla con otra especia o hierbas como la menta o el laurel.

Hechizo mágico de dinero

Este hechizo consiste en crear una bolsa de dinero que atrae la prosperidad hacia usted o hacia quien lo realice. Por favor, asegúrese de que está listo para que el dinero venga y sea responsable con él, porque funciona como, bueno, como un hechizo.

Necesitará:

- Pimienta dioica (1 pizca).
- Unas gotas de aceite esencial de bergamota.
- Un rotulador negro.
- Una bolsa de papel.
- Monedas de distintas denominaciones.

Pasos:

1. Dibuje con el rotulador los signos de moneda que quiera. Asegúrese de que destaquen. Si son más, mejor.
2. Introduzca el dinero ficticio en la bolsa.
3. Añada la pimienta dioica y el aceite de bergamota.
4. Apriete la parte superior de la bolsa para cerrarla y agítela. Las hierbas deben cubrir todos los billetes de la bolsa. Mientras la agita, afirme que el dinero viene a usted rápida y fácilmente.
5. Cuando haya terminado, muévase por el espacio, colocando los billetes en diferentes lugares donde nadie pueda moverlos.
6. Cuando haya terminado, doble con cuidado la bolsita de papel y guárdela en un lugar seguro. Espere que el dinero comience a fluir hacia usted desde fuentes inesperadas.

Hechizo para cargar la cartera

Si usted siente que el dinero no ha estado fluyendo últimamente, podría ser porque la energía de la abundancia y el flujo está siendo bloqueada por su incapacidad o negativa a buscarla. Afortunadamente, hay una manera de hacer que las cosas fluyan de nuevo, y el hechizo para cargar la cartera es uno muy potente que le traerá tanto alivio financiero como necesite.

Necesitará:

- Un bolígrafo.
- Un cheque en blanco (puede usar un cheque real o imprimir uno de internet).
- Su cartera o monedero.
- 1 cucharadita de eneldo.

Pasos:

1. En primer lugar, calcule cuánto dinero necesita para salir adelante cada mes y que aún le sobre.
2. A continuación, rellene el cheque para usted mismo con esa cantidad.
3. Doble el cheque por la mitad y ponga el eneldo en el pliegue.
4. Doble el cheque con el eneldo lo más apretado posible para sellar la hierba.
5. Ponga este cheque doblado en su cartera. Atraerá el dinero hacia usted.

Amuleto de los bolsillos abundantes

La gente no entiende lo de ser abundante y próspero porque el dinero y la riqueza pueden venir de fuentes distintas a las habituales o esperadas. Ser de mente abierta al flujo de la abundancia lo pone en condiciones de recibir más de la generosidad del universo. El amuleto de los bolsillos abundantes es un buen hechizo para ayudarle a abrir los ojos a las oportunidades de hacer riqueza que están a su alrededor.

Necesitará:

- Una cuerda o cordel.
- Un trozo cuadrado de franela verde (al menos 4 pulgadas de lado).
- 1 trozo de raíz de Juan el conquistador (atrae la abundancia).
- 1 cucharadita de manzanilla (seca).

Pasos:

1. Coloque la franela en su altar.
2. Sobre la franela, ponga la raíz de Juan el conquistador y la manzanilla.

3. Use la franela para crear una especie de bolsa juntando las esquinas. Mientras hace esto, diga o concéntrese en su intención de recibir dinero y riqueza que bendiga a todos los que lo rodean.
4. Utilice el cordel para atar bien la bolsa. Llévela con usted y úsela para atraer oportunidades de hacer dinero y bendiciones financieras asombrosas.

Dinero floreciente

Este hechizo requiere manzanas, que representan la energía de la cosecha, la prosperidad y la generosidad. Puede hacerlo cuando quiera, pero si lo realiza cuando la luna crece, tendrá una entrada explosiva de dinero u oportunidades de hacer dinero.

Necesitará:
- Flores de manzano (secas).
- Monedas nuevas.
- Un tarro de cristal con tapa.

Pasos:
1. Introduzca en el tarro todas las flores de manzano y los centavos que pueda. Asegúrese de mezclarlos en lugar de ponerlos por capas.
2. Tape el tarro y sujételo con ambas manos mientras establece una intención o reza una oración para que sus finanzas sigan prosperando.
3. Lleve el tarro a su jardín y busque un buen lugar para enterrarlo.
4. ¿Tiene un manzano? Puede enterrar su frasco debajo de él en lugar de cualquier lugar al azar para aprovechar la energía del árbol para impulsar su hechizo.

Hechizo de amor a la luz de las velas

Si está listo para el amor después de haber estado solo durante demasiado tiempo, este es un hechizo maravilloso para abrirse a la posibilidad de recibir amor y atraer a la pareja perfecta en su camino.

Necesitará:
- 1 vela rosa.
- Eneldo seco en polvo.

- Aceite de almendras, semillas de uva o jojoba.

Pasos:

1. Utilice un objeto afilado para tallar un corazón en el lateral de la vela o talle la palabra AMOR. Si quiere, puede hacer ambas cosas y añadir otros símbolos que representen la idea de ser amado. Mientras talla, recite o cante la palabra «amor», deje que llene su corazón.
2. Cuando haya terminado de tallar, frote un poco de aceite en su vela.
3. Agarre la vela y únjala con el eneldo. Deje que se unte por completo.
4. Encienda la vela y póngala en el suelo. Lleve su mirada a la llama y sienta su energía entrando y envolviéndolo por dentro.
5. Ahora, imagine que está lleno de energía amorosa. Puede imaginársela como una hermosa y suave luz rosa. Mírela y siéntala mientras irradia fuera de usted, llenando toda la habitación y luego el mundo entero. Dese cuenta de que merece amar y ser amado como quiera. Afirme que es digno de amor en su forma más plena y verdadera.
6. Ahora, imagine que le abraza un amante. Sienta su piel sobre la suya. Permítase sonreír y sentir el calor en el pecho.
7. Deje que la vela arda hasta que se apague por sí sola y luego entiérrela en el exterior, cerca de su casa.

Hechizo para el corazón «roto»

No es fácil lidiar con rupturas y traiciones en el amor. A menudo es difícil reparar lo que está roto. Con este hechizo, sin embargo, usted será capaz de sanar mucho más rápido y mejor de lo que alguna vez pensó posible mientras integra las lecciones que aprendió de su relación. Como este es un hechizo para deshacerse de algo, puede aprovechar la fase de luna menguante. Sin embargo, si no puede esperar hasta entonces, siéntase libre de hacerlo cuando lo necesite.

Necesitará:

- Una hoguera o una chimenea.
  - Objetos importantes relacionados con quien le rompió el corazón.

- Ramas de *hamamelis* (secas).
- Ramas de ortiga (secas).
- 1 pizca de jengibre (seco, en polvo).
- Una bolsa de papel.

Pasos a seguir:
1. Agarre todas las cosas que pertenezcan a su ex amante y métalas en la bolsa.
2. Meta en la bolsa el *hamamelis* y la ortiga.
3. Doble la parte superior de la bolsa para cerrarla y, a continuación, doble la bolsa lo más pequeño que pueda para que no sea más grande que un puño.
4. Prepare el fuego. Cuando esté bien caliente, ponga el paquete en la llama, apuntando para que caiga justo en el centro. Luego, mientras arde, repita: «Tengo la intención de liberar a esta persona». Tenga la intención de que ya no tenga poder sobre usted y de que todos los lazos que los mantenían unidos queden disueltos para la eternidad; si siente la necesidad de llorar, deje que las lágrimas fluyan y aproveche su energía para potenciar el hechizo.
5. Eche el jengibre seco, con la intención de que aumente la velocidad a la que se recupera su corazón.
6. Cuando el paquete y su contenido estén completamente quemados, deje que el fuego se apague de forma natural y espere a que todo se enfríe.
7. Saque las cenizas frías y llévelas lo más lejos posible de su casa o espacio ritual. Tírelas en algún lugar con mucho viento que se las lleve para que ya no se sienta mal por el final de las cosas.

Amuleto del amor de bolsillo

La raíz de Juan el conquistador también es muy útil para la fertilidad y el magnetismo sexual. Trabajar con ella le permitirá tener mucha confianza en su sexualidad, atrayendo el amor y las parejas adecuadas.

Necesitará:
- Hilo rojo.
- Raíz de Juan el conquistador.

- 1 vela roja.

Pasos:

1. Talle la palabra «amor» y la forma de un corazón en el lateral de su vela roja.
2. Encienda la vela.
3. Mientras arde, sujete la raíz con ambas manos y, con el ojo de su mente, imagine que sus manos la imbuyen con el poder del amor y la atracción pura.
4. Agarre el hilo rojo y átelo alrededor de la raíz, con la intención de que los amantes se sientan atraídos hacia usted.
5. Guárdelo en su bolsillo y observe cómo se produce la magia.

Amuleto protector de bolsillo

Es una buena idea tener siempre algo que le mantenga a salvo vaya donde vaya, así que no hay mejor amuleto que uno diseñado para hacer precisamente eso y que quepa en su bolsillo.

Necesitará:

- Hilo o cordel rojo.
- Un cuadrado de tela roja (5 cm de lado).
- Amatista (solo una pieza pequeña).
- ½ cucharadita de romero seco.
- ½ cucharadita de menta (seca).

Pasos a seguir:

1. Coloque la tela roja en su altar.
2. Ponga las hierbas y el cristal en el centro de la tela.
3. Sujete la tela por las esquinas y tire de ella hacia arriba para formar una bolsita.
4. Utilice el hilo rojo para fijar la tela en la bolsita. Mientras lo hace, tenga la intención de estar siempre a salvo y siempre protegido.
5. Puede llevarlo colgado del cuello o en el bolsillo, dondequiera que vaya.

Bolsa protectora de albahaca

La albahaca es increíble para mantenerse a salvo de las malas energías, los ataques mágicos deliberados, las maldiciones y la mala suerte. Todo lo que debe hacer es usarla en su baño cada día.

Necesitará:

- Albahaca fresca (puede utilizar albahaca seca si no la tiene disponible).
- Una bolsa con cordón.

Pasos:

1. Llene la bolsa con albahaca fresca.
2. Prepare un baño tibio. Deje que la bolsa cuelgue del grifo para que el agua corra por ella.
3. Dese un baño como de costumbre.
4. Cuando esté listo para salir, tenga la intención de que todo lo negativo haya abandonado su cuerpo, mente y espíritu, y luego salga.
5. Lleve la bolsa fuera de su casa y entiérrela lejos.

Hechizo de sueño profundo con artemisa

Este es un buen hechizo para cuando está estresado por los eventos del día y le gustaría dormir, pero tiene problemas porque está ansioso.

Necesitará:

- 1 cucharadita de miel.
- 1 taza de agua caliente.
- 1 taza.
- 1 cucharadita de artemisa (seca).

Pasos:

1. Ponga la artemisa en su taza.
2. Vierta agua caliente y deje reposar la artemisa durante 15 minutos.
3. Con un colador, separe la infusión de la materia vegetal.
4. Añada miel si lo desea.
5. Antes de beberlo, hágase a la idea de que tendrá un sueño reparador y agradable. Después, bébase el té.

El té de artemisa no es recomendable para las mujeres lactantes o embarazadas.

Hechizo para aliviar el dolor menstrual

Para algunas mujeres, los ciclos menstruales son increíblemente frustrantes. Tienen que lidiar con cambios de humor, irritabilidad, ansiedad, mucho dolor, inquietud, y así sucesivamente. Este es un excelente hechizo si sabe que sus periodos tienden a ser muy problemáticos. Puede trabajar para asegurarse de que se siente mejor.

Necesitará:

- 1 cucharada de ruda.
- Granate.
- Cornalina.
- Piedra luna.
- 1 vela blanca.
- 1 bolsa roja con cordón (pequeña).

Pasos:

1. Encienda la vela.
2. Dedique cinco minutos a mirar la llama.
3. Mientras mira la llama, imagine que su cuerpo se está curando. Imagine que una luz blanca recorre su cuerpo, eliminando todo el dolor y haciéndolo sentir más cómodo mientras se va con la hemorragia.
4. Introduzca la ruda en la bolsa con cordón mientras reza una pequeña oración o afirmación, con la intención de que su ciclo no la derrote ni la haga sentir mal. Afirme que es poderosa, fuerte y saludable y que todo malestar abandona su cuerpo ahora.
5. Cierre la bolsa tirando del cordón mientras afirma que recupera su poder y su fuerza frente al dolor que siente.
6. Lleve esta bolsita con usted cada vez que sea ese momento del mes para que se sienta mejor físicamente y sus emociones estén equilibradas.

Hechizo para abrir el tercer ojo

Necesita que su tercer ojo le ayude en este viaje por la magia del cerco. Cuanto más abierto esté, más fácil le resultará esta experiencia y más profundas serán sus percepciones.

Necesitará:

- 1 bolsa con cordón (pequeña).
- Algunas ramitas de artemisa (que sean frescas).
- Unas astillas de sándalo.

Pasos:

1. Mezcle el sándalo y la artemisa, y luego úselos para llenar la bolsita de cordón.
2. Acuéstese cómodamente, cierre los ojos y deje que la bolsita se asiente en medio de la frente, entre las cejas y por encima del nivel de los ojos.
3. Respire profundamente para calmarse y libérese de todos sus pensamientos y preocupaciones.
4. En el ojo de su mente, mírese a usted mismo más despierto espiritualmente, iluminado y abierto a la comunicación con su ser divino. Vea una luz blanca radiante que fluye desde el universo, moviéndose a través de las hierbas de su bolsa, yendo directamente a su tercer ojo, haciendo que se abra aún más.
5. Permítase empaparse del poder de esta luz blanca radiante mientras afirma que tiene más sabiduría y que está en contacto con su intuición. Afirme que su tercer ojo está bien abierto y sano.

Amuleto de refuerzo psíquico

Si quiere estar más en contacto con sus guías espirituales y ser capaz de escuchar cuando tienen mensajes críticos para usted, entonces este es un amuleto que vale la pena hacer y mantener con usted. A medida que lo use, le será más fácil acceder a visiones, obtener sabiduría y recibir información de sus ancestros y otros guías que tenga.

Necesitará:

- 1 Cucharadita de salvia (seca).
- 1 Cucharadita de canela (molida).

- 1 Cordón de cuero (de al menos 18 pulgadas de largo).
- Arcilla para modelar.

Pasos:

1. Enrolle un poco de arcilla en sus manos hasta que esté blanda y sea fácil de manipular.
2. Añada salvia y canela, trabajándolas en la arcilla con los dedos mientras imagina que está abriendo su corazón y su alma para recibir mensajes del espíritu. Puede trabajar la arcilla formando un pequeño círculo o cualquier otra forma que le guste y que sea mágicamente significativa para usted.
3. Deje secar la arcilla y átela a su cordón o cadena. Esto le facilitará recibir mensajes espirituales con claridad.
4. Cada vez que quiera recibir orientación sobre un mensaje específico, puede sostener este objeto en su mano dominante mientras reza una oración o establece una intención para recibir perspicacia sobre cualquier tema que le esté molestando.
5. Si lo desea, puede colocarlo debajo de la almohada por la noche cuando se va a dormir, pensando en aquello sobre lo que necesita orientación. Tendrá sueños en los que su guía le comunicará las respuestas que busca. Es importante que duerma con la mentalidad de que definitivamente recibirá respuestas.

Conclusión

Durante muchos años, la autora de este libro practicó la brujería del cerco y, en el transcurso de la misma, aprendió mucho sobre los árboles, las hierbas y las plantas y su naturaleza. También aprendió cómo interactúan con el medio ambiente, lo que no solo fue un estudio intrigante, sino también una herramienta vital para ayudar a su familia y a su comunidad.

Puede que aprenda, como ella, algunas lecciones importantes de la vida practicando la brujería del cerco. La primera lección es que nunca es demasiado tarde para aprender algo nuevo. Se puede llegar a una comprensión profunda de ciertos temas, por ejemplo, leyendo libros, viendo vídeos, asistiendo a clases, etc. No hay escasez de fuentes para aprender este oficio si decide seguir el camino.

La segunda lección es pensar con originalidad. Hay tantas herramientas y formas de aprender que es útil plantear preguntas a su familia o círculo de amigos sobre lo que acaba de aprender. Por ejemplo, ¿qué podría hacer con la información recién adquirida? Haciéndose estas preguntas, podrá crecer y ampliar sus creencias, o verá si alguien ya ha hecho algo parecido, lo que puede llevarlo a seguir aprendiendo o a tomar prestado de su oficio o sus prácticas.

Haga lo que haga, no descuide el poder del viaje del cerco. Utilícelo en su beneficio para comunicarse con guías y obtener conocimientos superiores sobre los secretos que encierran ciertas hierbas y plantas y cómo utilizarlas mejor. Hay más cosas que aprender sobre estos dones de la naturaleza de las que cualquier libro del planeta podría enseñarle.

Algunas plantas pueden responderle de forma diferente a como lo harían con otro brujo. Así que aproveche sus sesiones para aprender más sobre su oficio de los espíritus más sabios.

La brujería del cerco es una práctica que le enseña a honrar y respetar el mundo natural (especialmente los árboles y las plantas) y a las personas. Le enseña a formar parte del ecosistema y a amar lo que proviene de los árboles en lugar de simplemente cogerlo. Si alguna vez tiene dudas, pida permiso a las plantas o a los árboles para utilizar lo que necesite. Hay muchas formas de llevar a cabo la brujería del cerco, y puede hablar con los árboles o las plantas, cantarles, susurrarles o utilizar un péndulo, una vara adivinatoria o pentagramas rúnicos.

Cualquier método que le permita comunicarse con el árbol es aceptable. En pocas palabras, se trata de una práctica muy personal, algo que debe hacerse a nivel individual y no simplemente copiar de otra persona. Así que, si las hierbas o su intuición le dicen que puede usarlas para una determinada intención, entonces siéntase libre de hacerlo. Haga que cada hechizo y ritual sea suyo, porque el poder reside en su singularidad.

Por último, debe recordar que esto es una práctica. En otras palabras, leer es solo un paso. Tiene que hacer hechizos y ponerse en contacto con su deidad para ver resultados. No puede leer sobre una cosa y decidir que ya la domina. Ponga a prueba todo lo que ha aprendido aquí y, si no tiene éxito a la primera, eso no significa que no funcione. Tenga claras sus intenciones y vuelva a intentarlo; *nunca olvide anotar lo que hace en su grimorio.*

Vea más libros escritos por Mari Silva

Su regalo gratuito

¡Gracias por descargar este libro! Si desea aprender más acerca de varios temas de espiritualidad, entonces únase a la comunidad de Mari Silva y obtenga el MP3 de meditación guiada para despertar su tercer ojo. Este MP3 de meditación guiada está diseñado para abrir y fortalecer el tercer ojo para que pueda experimentar un estado superior de conciencia.

https://livetolearn.lpages.co/mari-silva-third-eye-meditation-mp3-spanish/

Referencias

Beth, R. (2018). La bruja del cerco verde. The Cordwood Press.

Beth, R. (2018). El camino de la bruja del cerco: Espiritualidad mágica para el lanzador de conjuros solitario. The Cordwood Press.

Beth, R. (2018). Hechicería para brujas del cerco: Una guía para sanar nuestras vidas. The Cordwood Press.

De Varies, E. (2008). Viaje del cerco: Las brujas y el inframundo. Padraig Publishing.

Dugan, E. (2012). El jardín herbal de la bruja: Magia Verde, Herboristería y Espiritualidad. Llewellyn Worldwide.

Greenfield, T. (2014). La brujería hoy-60 años después. John Hunt Publishing.

Griffith, D. B. (2009). Lithe 2005. Lulu. Com.

Kane, A. (2021). Magia herbal: Un libro de bolsillo sobre hechizos naturales, amuletos y pociones. Wellfleet Press.

Moura, A. (2014). Hechicería verde: magia folklórica, hadas y hierbas. Llewellyn Worldwide.

Moura, A. (2020). Hechicería verde IV: Siguiendo el camino de las hadas. Llewellyn Worldwide.

Moura, A. (2003). Grimorio para la Bruja Verde: Un libro completo de las sombras (Vol. 5). Llewellyn Worldwide.

Murphy-Hiscock, A. (2006). El Camino de la Bruja Verde: Rituales, hechizos y prácticas para llevarlo de vuelta a la naturaleza. Simon and Schuster.

Murphy-Hiscock, A. (2017). La bruja verde: su guía completa a la magia natural de hierbas, flores, aceites esenciales y más. Simon and Schuster

www.ingramcontent.com/pod-product-compliance
Lightning Source LLC
Chambersburg PA
CBHW051843160426
43209CB00006B/1143